Estrelas espirituais do milênio

Outras obras publicadas pela Nova Era:

Histórias maravilhosas para ler e pensar
Neila Tavares

Muitos mestres
Dr. Wayne W. Dyer

*Os mais belos pensamentos
dos grandes mestres do espírito*
Neila Tavares

Princípios de vida: Dalai Lama
Organização de Bernard Baudouin

Princípios de vida: Dugpa Rimpoche
Organização de Jean-Paul Bourre

Princípios de vida: Mahatma Gandhi
Organização de Henri Stern

SELEÇÃO E ORGANIZAÇÃO DE
Selina O'Grady e John Wilkins

Estrelas espirituais do milênio

Tradução de
CLAUDIA MARCONDES

NOVA ERA

Rio de Janeiro
2004

CIP-Brasil. Catalogação-na-fonte
Sindicato Nacional dos Editores de Livros, RJ.

E85   Estrelas espirituais do milênio: os 52 líderes que mais influenciaram o
      segundo milênio do cristianismo / organização de Selina O'Grady e John
      Wilkins; tradução de Claudia Marcondes. – Rio de Janeiro: Record: Nova
      Era, 2004.

      Tradução de: Spiritual stars of the millennium
      ISBN 85-01-06524-2

      1. Biografia cristã. I. O'Grady, Selina. II. Wilkins, John, 1954- .

                                    CDD – 922
03-2693   CDU – 92:28

Título original inglês
SPIRITUAL STARS OF THE MILLENNIUM
Text copyright © 2001 The Tablet, 2002 by The Tablet Publishing Company Ltd.
Foreword © 2002 by Paulist Press, Inc.

Ilustrações das aberturas de capítulo: Thais de Linhares
Imagens da capa: João da Cruz, John Wesley, Fra Angelico, Calvino, Lutero, Dante
Alighieri, Tomás de Aquino, Johann Sebastian Bach, Teresa de Ávila, São Francisco
de Assis, Papa João XXIII, Inácio de Loyola.

Todos os direitos reservados. Proibida a reprodução, no todo ou em parte, sem
autorização prévia por escrito da editora, sejam quais forem os meios empregados.

Direitos exclusivos de publicação em língua portuguesa para o Brasil
adquiridos pela
DISTRIBUIDORA RECORD DE SERVIÇOS DE IMPRENSA S.A.
Rua Argentina 171 – Rio de Janeiro, RJ – 20921-380 – Tel.: 2585-2000
que se reserva a propriedade literária desta tradução

Impresso no Brasil

ISBN 85-01-06524-2

PEDIDOS PELO REEMBOLSO POSTAL
Caixa Postal 23.052
Rio de Janeiro, RJ – 20922-970

Sumário

Prefácio de Selina O'Grady e John Wilkins 9

Introdução de Kathleen Norris 13

Anselmo (c.1033–1109) por Benedicta Ward 19

Teodósio das Cavernas (c.1010–1074) por Simon Franklin 23

Hildegard de Bingen (1098–1179) por Kate Brown 28

Bernardo de Clairvaux (c.1090–1153) por Christopher Holdsworth 32

Peter Abelardo (1079–1142) por David Luscombe 36

Francisco de Assis (1181/82–1226) por Frances Teresa 41

Dante Alighieri (1265–1321) por Eamon Duffy 46

Meister Eckhart (c.1260–c.1328) por Denys Turner 51

Domenico (São Domingos) (c.1170–1221) por Richard Finn 55

Tomás de Aquino (c.1225–1274) por Herbert McCabe 60

Brigite da Suécia (1303–1373) por Roger Ellis 64

Gregory Palamas (c.1296–1359) pelo Bispo Kallistos of Diokleia 68

Sergius de Radonezh (c.1314–1392) por Sergei Hackel 73

Julian de Norwich (c.1342–c.1420) por Sheila Upjohn 78

Catarina de Siena (1347–1380) por Tina Beattie 82

Thomas à Kempis (c.1380–1471) por Melanie McDonagh 86

Fra Angelico (c.1400–1455) por Michael Adams   91

Martinho Lutero (1483–1546) por David Yeago   95

Erasmo de Rotterdam (c.1467–1536) por James McConica   100

João Calvino (1509–1564) por David Fergusson   104

Inácio de Loyola (1491–1556) por Michael Paul Gallagher   109

Thomas More (1477–1535) por Lucy Beckett   114

Teresa de Ávila (1515–1582) por Shirley du Boulay   118

João da Cruz (1542–1591) por Rowan Williams   122

Mary Ward (1585–1645) por Lavinia Byrne   126

George Herbert (1593–1633) por Philip Sheldrake   131

Blaise Pascal (1623–1662) por Alain Woodrow   136

John Bunyan (1628–1688) por N. H. Keeble   141

George Fox (1624–1691) por R. Melvin Keiser   146

Johann Sebastian Bach (1685–1750) por David Maw   151

John Wesley (1703–1791) por Leslie Griffiths   156

William Blake (1757–1827) por Jill Paton Walsh   161

Serafim de Sarov (1759–1833) por Richard Price   166

Sören Kierkegaard (1813–1855) por George Pattison   170

Theresa de Lisieux (1873–1897) por James McCaffrey   174

Fiodor Mikhailovich Dostoievski (1821–1881) por Irina Kirillova   178

William (1829–1912) e Catherine (1829–1890) Booth por Roy Hattersley   182

John Henry Newman (1801–1890) por Owen Chadwick   187

Karl Barth (1886–1968) por George Hunsinger   192

Papa João XXIII (1881–1963) por Richard McBrien   196

Swami Abhishiktananda (1910–1973) por Michael Barnes   201

Charles de Foucauld (1858–1916) por Ian Latham e Pam Ware   206

Edith Stein (1891–1942) por Eugene Fisher   210

Dorothy Day (1897–1980) por Robert Ellsberg   214

Simone Weil (1909–1943) por David McLellan   219

Dietrich Bonhoeffer (1906–1945) por Edwin Robertson   224

Madre Teresa de Calcutá (1910–1997) por Kathryn Spink   229

Oscar Arnulfo Romero (1917–1980) por Michael
    Campbell-Johnston   234

Thomas Merton (1915–1968) por Lawrence Cunningham   239

Martin Luther King, Jr. (1929–1968) por Leslie Griffiths e
    Wesley Williams   244

Papa João Paulo II (1920–) por George Weigel   249

Prefácio

Este livro celebra o segundo milênio do Cristianismo apresentando o perfil de 52 de seus mais expressivos líderes espirituais. Os leitores não irão, necessariamente, gostar de todos eles. Íris Murdoch perguntou certa vez se qualquer santo poderia ser descrito única e simplesmente como "uma pessoa boa": eles eram muito radicais, ela alegou. Todos eles, no entanto, foram como astros espirituais de profunda influência em sua época. Eram, inclusive, pessoas extremamente "religiosas" em relação àquilo que eles consideravam fundamental para a prática de um estilo de vida com o qual tinham total comprometimento. São guias espirituais de longa duração, não são como meteoros que passam brilhando e depois se vão.

A seleção é inevitavelmente idiossincrática, e todo leitor é livre para considerar que alguns candidatos que foram omitidos deveriam ter sido priorizados em relação a outros que apareceram. O elemento surpresa na escolha será, nós esperamos, parte da atração deste livro. Não nos preocupamos em equilibrar a quantidade de homens e mulheres, de cristãos brancos ou negros. Representantes de novas igrejas da África e Ásia seriam sem dúvida devidamente destacados, caso fosse este um livro sobre os próximos mil anos.

As decisões mais difíceis e questionáveis tiveram de ser tomadas no campo das artes, que tanta importância teve para a cultura cristã ao longo destes dois milênios. Nós incluímos, por exemplo, Fra Angelico, mas excluímos Michelangelo, cujo afresco com a imagem de Deus apontando para Adão, e criando-o a partir do nada, continua vibrante até hoje; e Rembrandt, cujas obras retratam a compaixão e a compreensão dos esforços e fracassos humanos. E é claro que é aí que residem nossas dificuldades como editores; frente a tal riqueza e vastidão de homens e mulheres excepcionais, foi muito difícil descartar alguém. Ao menos podemos afirmar que os 52 homens e mulheres selecionados são, indubitavelmente, estrelas espirituais que brilharam ao longo dos séculos — e que até hoje reverenciamos.

Esperamos que esta seleção venha a ser útil para suscitar novas pesquisas acerca da contribuição dos cristãos para a cultura mundial. As realizações são tão significativas que se mantêm como uma chave para muitas portas que não podem ser abertas sem ela. Nós desejamos que os leitores deste livro descubram a rica tradição da cultura e do pensamento cristão, assim como as pessoas extraordinárias responsáveis pela sua criação.

A outra grande satisfação desta empreitada foi, sem dúvida, trabalhar com colaboradores que deram tão grande valor a seus temas. Os ensaios foram encomendados para serem publicados semanalmente no *The Tablet*, jornal católico de distribuição internacional com sede em Londres, no decorrer do ano 2000. Nossos escritores foram extremamente pacientes com seus editores. Nós lhes confiamos uma tarefa realmente desafiadora: trazer cada um destes personagens à vida, ao mesmo tempo que desenvolviam seus projetos em prazos curtos. Esperamos que você concorde com o fato de que eles foram bem-sucedidos.

Selina O'Grady
John Wilkins

Introdução

Uma das forças extraordinárias da tradição cristã é a forma pela qual os "grandes espíritos" foram sempre reconhecidos e celebrados por aclamação popular. Isto não nos deveria surpreender. Qualquer um de nós pode citar pessoas — pais, avós, professores, pastores, companheiros de congregação — que são como guias ou mentores espirituais. Pessoas que, como João Batista, nos têm inspirado a alinhar nossos caminhos tortuosos e transformar obstáculos insuperáveis em rotas de salvação. Essas pessoas nos alertam para o fato de que a santidade não começa em nós mesmos e sim na observância daqueles que a partir de exemplos nos estimulam a ter mais esperança e coragem. Por gratidão começamos a contar suas histórias — somos compelidos a contá-las — e continuaremos contando-as ao longo dos séculos.

Numa era em que a experiência individual vem sendo alardeada como suficiente, este livro nos alerta sobre o fato de que necessitamos de outras pessoas para que nossas vidas tenham sentido. E suas histórias nos fornecem uma calma certeza de que nossa crença naquilo que São Paulo chamou de "testemunho nebuloso" daqueles que estão a nossa frente em matéria de fé não é fraqueza, e sim uma inesgotável fonte de força. Isto é bom para admitirmos que nosso insignificante *status* de seres contadores de histórias é parte essencial de nossa humanidade, e que histórias de pessoas santas podem nos revelar os caminhos misteriosos pelos quais Deus age por nosso intermédio, freqüentemente sem termos consciência disto. Que importa que um membro da comunidade das carmelitas de Santa Teresa não estivesse de forma alguma impressionado com a "doce freirinha que nunca fez nada", ou que Karl Barth, indiscutivelmente o teólogo cristão de maior influência desde Tomás de Aquino, tenha iniciado sua carreira como um pastor rural e que não se tenha preocupado em obter um título de doutor em teologia.

Considero estimulante que um milênio rico em "grandes espíritos" possua alguns nomes que mudaram o curso da história da igreja e outros que permaneceram obscuros. Muitos nos são conhecidos por intermédio de seus escritos, enquanto outros não escreveram absolutamente nada. Fico contente de que muitos dos incluídos aqui não expressaram sua teologia por meio de sermões ou de sua erudição, mas sim pela arte. O pintor renascentista Fra Angelico, por exemplo, ou Johann Sebastian Bach. Tendo a considerar que Dante Alighieri, George Herbert, John Bunyan, William Blake e Fiodor Dostoievski, que em nossa época de especialização acadêmica são freqüentemente relegados aos cursos de literatura, deram sua contribuição maior como influentes filósofos da religião.

Mais enfaticamente, este livro reprova a praga da polarização para a qual se encaminha a sociedade contemporânea, incluindo a igreja cristã. Ao distinguir não só os ícones do Catolicismo liberal, tais como Thomas Merton e Dorothy Day, mas também George Fox, fundador da Sociedade dos Amigos, ou William e Catherine Booth, co-fundadores do resolutamente protestante Exército da Salvação, os editores nos forçaram a reconhecer que a diversidade dentro dos limites da igreja Cristã não é um *slogan* da moda, e sim uma parte valiosa de nossa história e tradição. Ao imergir nas muitas histórias de vida descritas aqui, convencemo-nos de que rótulos convenientes como "liberal" ou "conservador" são inerentemente restritivos e que agem como empecilhos a um entendimento pleno da fé. Abelardo e Francisco de Assis; João da Cruz e Sören Kierkegaard; Madre Teresa e Oscar Romero; Papa João Paulo II e o monge Beneditino mais conhecido como Swami Abhishiktananda. Somos levados a concluir que, como cristãos, o que compartilhamos é muito mais importante do que aquilo que nos distingue, e que isto é bastante apropriado em uma religião de caminho, de verdade e de vida.

Este livro nos encanta porque se nega a mostrar santos idealizados. Também deixa claro que o fato de saber que esses "grandes espíritos" eram na verdade pessoas normais, irritáveis, impulsivas, vaidosas e muitas vezes propensas a falhas não as diminui nem dilui o mistério divino que ilumina suas vidas. Nas palavras de uma criança extasiada em sua primeira visão de vitrais com imagens da vida dos santos: eles parecem "pessoas transparentes". No entanto, como o livro nos lembra continuamente, mesmo os maiores guias espirituais e profetas foram pessoas com pouquíssima consciência de sua importância na história da igreja, sem bola de cristal para assegurá-los de que haviam escolhido o caminho certo. E, se formos honestos com nós mesmos, iremos admitir que isto é motivo de esperança, mais do que de desestímulo. Cada vida documentada aqui nos mostra que somos menos aptos a aprender lições com pessoas consideradas bem-sucedidas pelos padrões contemporâneos do que com seres humanos sujeitos a falhas, mas tão agraciados por Deus, que suas próprias falhas acabam se transformando em virtudes. O escritor dominicano Simon Tugwell chamou certa vez o caminho do homem para a santidade de "rota de imperfeições", e eu acredito que as imperfeições características destas grandes vidas é que nos dão esperança de que nossas próprias falhas podem contribuir para algo grandioso, maior do que nós mesmos, muito maior do que podemos compreender.

Por que precisamos destas histórias? Por que é tão importante contá-las? Dietrich Bonhoeffer escreveu uma vez que "Cristianismo significa comunidade através de Jesus Cristo e em Jesus Cristo... Deus determinou que nós procurássemos e encontrássemos a Palavra Viva de Deus no testemunho de um irmão ou irmã... Por isso, precisamos de outros cristãos que professem a palavra de Deus para nós. Precisamos de outros, ainda mais quando estamos na dúvida, ou sem coragem, pois sozinhos não nos podemos ajudar sem mascarar a verdade. Precisamos de nosso irmão, nossa irmã, como testemunhas e proclamadores do divino mundo da salvação."

Esta terminologia talvez seja acessível somente aos cristãos, mas eu creio que ela detém um forte significado para qualquer pessoa de boa vontade, qualquer um disposto a reconhecer que seu caminho não é o único caminho. Nosso sofrido mundo precisa de gente que reconheça que ser um ser humano religioso significa aceitar que precisamos dos outros, inclusive daqueles com outras crenças e tradições. Penso que este livro contribui para se compreender como Deus trabalha neste mundo, a partir de variados e improváveis meios, a fim de santificar nossa simples existência. O Salmo 84 resume o modo pelo qual outros podem nos ensinar que existe algo grandioso em nós, algo tão poderoso que pode controlar a tristeza e a dor. "Bem-aventurado o homem cuja força está em ti,/em cujo coração estão os caminhos aplanados./Que, passando pelo Vale de Baca,/faz dele uma fonte... /Vão indo de força em força; cada um deles em Sião aparece perante Deus./Senhor Deus dos Exércitos escuta a minha oração; inclina os ouvidos, ó Deus de Jacó!"

Kathleen Norris

Anselmo
(c. 1033–1109)

por Benedicta Ward

Anselmo foi um dos mais atraentes santos medievais, assim como um dos grandes pensadores do mundo. O fato de que ele podia combinar pensamentos claros e um bom coração na procura por uma união com Deus é a maior prova de seu dom para a santidade. Em 1093, quando já contava sessenta anos, ele foi convidado para ser o trigésimo quinto arcebispo de Canterbury, na Inglaterra, e lá realizou um trabalho de considerável importância para a igreja inglesa — mas ele foi sempre mais do que um arcebispo. Canonizado, recebeu mais tarde o título de "doutor da igreja". Renomado na época pela sua incomparável sabedoria, tinha igualável reputação quanto a sua santidade.

Nascido em 1033 perto do Monte São Bernardo, na Itália, Anselmo foi uma criança das montanhas. Mais tarde, contou aos amigos que na infância ele acreditava que Deus vivia no topo das montanhas nevadas acima de sua casa e que, em um sonho, ele havia subido até lá e falado com Ele. Este senso de ascendência dinâmica e de diálogo pessoal, subindo sempre em direção a Deus de modo a estar em sua presença como um amigo, permaneceu no centro da vida e dos pensamentos de Anselmo.

Depois de uma infância turbulenta, ele partiu de casa abruptamente, por ocasião da morte de sua mãe, e vagou muitos anos pelo norte da França assistindo ao estimulante surgimento das universidades. Finalmente ele se tornou um monge, embora não por razões unicamente pias, como admitiu mais tarde. Ele havia se tornado um pupilo de Lanfranc de Bec e estava trabalhando como louco quando concluiu que "caso se tornasse um monge em algum lugar... não teria de passar por experiência tão severa quanto aquela pela qual estava passando ali, nem deixaria de receber as recompensas por seu trabalho". Foi ordenado monge Beneditino na abadia de Bec em 1060, ensinou na escola local, tornou-se pároco e mais tarde abade.

Em Bec, ele escreveu seus primeiros trabalhos brilhantes incluindo o *Proslógio*, tratado imensamente influente, que contém em sua primeira seção o celebrado "argumento ontológico" para a existência de Deus: "Deus é algo tal que nada mais grandioso pode ser imaginado." Esta foi uma declaração simples, porém revolucionária, que demonstra a existência de Deus como sendo necessária para a razão, e é um dos raros fragmentos do pensamento filosófico medieval discutido ainda hoje.

Tarefas administrativas podem ter impedido que ele produzisse mais, porém, durante seus primeiros momentos de descanso, quando estava longe da Inglaterra, ele escreveu seu mais importante trabalho teológico, *Por que Deus se fez homem?* Nele, Anselmo rejeitava o argumento de pensadores mais antigos de que por causa do pecado original o demônio possuía direitos sobre a raça humana, e apresentava uma nova e mais esperançosa imagem do confronto direto entre Deus e o homem, na qual a morte de Cristo como homem e como Deus redimiu toda a humanidade.

A teologia foi para Anselmo "fé em busca de sabedoria", uma busca compartilhada e incessante da verdade suprema. Ele nunca ensinou teologia nas escolas, mas discutiu-a entusiasticamente com seus amigos, escreveu para eles, rezou para eles e com eles, e compôs um grande número de mensagens de amizade, cheias da paixão e vigor que caracterizavam os seus trabalhos. Suas idéias eram relacionadas a suas orações e ele foi profundamente influente na tradição da meditação individual.

Foi escrevendo novos textos de oração para a meditação individual que ele mais exerceu sua influência. Suas 18 orações e três meditações foram escritas na forma de suas próprias palavras perante Deus e os santos, que eram seus amigos, com quem ele falava da mesma maneira que quando era criança em Aosta. "O objetivo da oração", ele escreveu, "é incitar a mente do leitor ao amor ou temor a Deus." Em vez de recomendar a leitura dos salmos, principal caminho da meditação clássica, ele dava a qualquer um que pedisse cópias de suas próprias palavras de arrependimento, de autoconhecimento, de perdão e de agradecimento. Nessas orações, ele lidava com a difícil tarefa de combinar pensamentos teológicos com devoção pessoal sem que houvesse perda para nenhum deles. "Deus da verdade", ele rezava, "eu peço para que eu possa receber, para que minha felicidade seja completa." Sua procura por Deus nunca foi desprovida de alegria e nem estática; ele exigia o máximo de suas emoções, assim como de sua mente, de forma a alcançar aquela "felicidade completa" que é a verdadeira humanidade.

Por meio de sua vida e de seus escritos, Anselmo forneceu uma contribuição mais duradoura às formas de escrever e falar sobre Deus do que os teólogos estudiosos que o seguiram. Apesar de sua natureza pacífica, na vida pública ele não era um homem que concordava com tudo. Manteve-se firme em condutas que por duas vezes o levaram ao exílio por desacordo, acerca do relacionamento da igreja e do estado, com dois reis normandos, William Rufus e Henrique I. Seus 16 anos na Inglaterra não foram nada calmos, mas, ao falecer em Canterbury durante a Semana Santa, em 1109, ele assegurou a continuação das tradições de Cristandade inglesa revitalizadas para a nova era.

■

Irmã Benedicta Ward é uma estudiosa da história da espiritualidade cristã na Universidade de Oxford.

Teodósio das Cavernas
(c.1010-1074)

por Simon Franklin

Moderação pode não ser uma qualidade que venha logo à mente quando alguém pensa na tradição ortodoxa russa de espiritualidade. Homens sagrados chafurdados em degradação, insulto e excremento; severos olhares patriarcais; o princípio do conservadorismo iconográfico; a exigência, o estudo litúrgico implacavelmente profundo; os santos pecadores dos romances de Dostoievski. Tudo pode parecer vibrante, uma interação de extremos preestabelecidos. E a aparência de moderação na espiritualidade russa, ainda que não tão visível, faz parte de sua essência.

Por quase meio milênio, Teodósio das Cavernas foi, indiscutivelmente, a figura mais influente e autoritária no Cristianismo Russo (é a partir do antigo domínio russo e de seu povo que os russos europeus, ucranianos e bielorussos pesquisam seus ancestrais comuns). Proeminente e sublime na primeira era dourada da ortodoxia eslava do leste, em meados do século XVII (algumas gerações depois da conversão oficial de seu povo em fins do ano de 980), Teodósio tornou-se o assunto de uma extensa biografia, escrita quase uma década depois de sua morte em 1074, pelo monge Nestor de Kiev. Em 1108, ele foi formalmente reconhecido como santo, e sua veneração tem sido constante e fervorosa desde então.

Para quê? O problema é que não temos como perguntar a ele. Além de meia dúzia de curtas homilias de atribuição duvidosa, Teodósio não legou um conjunto de obras escritas. Neste ponto ele não foi original. O que era articulado em sua teologia os russos haviam aproveitado dos bizantinos e viram aparentemente pouca necessidade de suplementar tais idéias com informações especulativas próprias. Este "silêncio intelectual" dos russos às vezes causa estranheza à sensibilidade moderna, mas os escritores medievais estavam mais interessados em exemplos do que em análises sistemáticas, e os exemplos são evidenciados pela crença e pelos repetidos ciclos de comemoração no calendário dos santos. A origem da tradição de espiritualidade formou-se e sustenta-se, sobretudo, por hagiólogos e, nesta tradição, o "verdadeiro" Teodósio é o Teodósio descrito por Nestor em seus trabalhos.

Para começar, Teodósio foi o fundador do primeiro monastério organizado na Terra da Rússia, atual Ucrânia. O monastério de Kiev, denominado "The Caves" (As Cavernas), emerge na era clássica. Antony, um homem sagrado, estabeleceu-se em uma caverna numa encosta do lado de fora da cidade. Seguidores amontoaram-se ao redor dele. Teodósio transformou o esparso grupo de eremitas em uma comunidade monástica inteiramente suspensa, a exemplo do modelo contemporâneo de Constantinopla. As Cavernas tornaram-se, sem sombra de dúvida, o instituto religioso de maior prestígio de sua época, e sua influência se espalhou por todos os cantos. Monges das Cavernas eram indicados para dirigir outros monastérios; uma boa quantidade de bispos haviam sido alunos das Cavernas; e uma proporção significativa da literatura nova de Kiev emanava das Cavernas. De cidade em cidade, catedrais eram erigidas imitando claramente a igreja principal do monastério das Cavernas dedicado ao descanso da mãe de Deus.

O Teodósio relatado na biografia escrita por Nestor, entretanto, ficaria aborrecido de se ver apresentado, especificamente, como um construtor instituído pelo império. Suas credenciais ascéticas eram impecáveis. Quando decidiu, ainda jovem, largar tudo para juntar-se a uma peregrinação, sua severa mãe agarrou-o, "pegou-o pelos cabelos, jogou-o ao chão e o chutou". De volta a casa, ela "bateu nele até ficar sem forças... e o amarrou, e o trancou em casa". E o jovem "aceitou tudo isto com alegria". Como monge, ele saía à noite, nu da cintura para cima, e ficava sentado até que "seu corpo inteiro fosse coberto por enxames de moscas e vespas, que iriam comer sua pele e beber seu sangue". Mas o asceticismo de Teodósio era discreto, privado. Suspeitavam de seu comportamento idiossincrático, de sua ostensiva reclusão, mas ele serviu de exemplo ao reforçar a idéia da grandiosidade de uma vida de trabalho e reverência, humildade e obediência, carregando água e lenha, assando pão, desfiando lã e cantando os salmos.

O grupo isolado de Teodósio também assistia uma grande parte da comunidade. O excedente de alimentos era distribuído aos pobres e, seguindo o exemplo bizantino, Teodósio fundou um abrigo. No outro extremo da escala social, ele foi um guia para o príncipe de Kiev, uma espécie de conselheiro público não-oficial. Mais uma vez, o equilíbrio foi o segredo de tudo. Ao repreender um novo príncipe que havia usurpado o trono, ele foi suficientemente cuidadoso para não irritá-lo a ponto de se expor ao banimento ou à tortura, moderando a reprovação em nome do interesse da reconciliação.

Ele incorporou simples virtudes monásticas. Sem universidades ou grandes escolas, a cultura cristã da Rússia antiga foi dominada pela cultura monástica, e Teodósio das Cavernas impôs os padrões de autoridade. Suas conquistas práticas garantem seu *status* reverencial, enquanto seus exemplos pessoais — embora sem dramas, e de certa forma intelectualmente desinteressantes — se mantêm como uma silenciosa, freqüentemente mal reconhecida, porém inegável e constante presença. Todo monge Russo (e seu número tem aumentado incrivelmente nas últimas décadas) aspira, em certo grau, a ser um modelo de Teodósio.

■

Simon Franklin é um pesquisador de estudos eslavos na Universidade de Cambridge.

Hildegard de Bingen
(1098-1179)

por Kate Brown

Hildegard de Bingen morreu aos 81 anos tendo fundado dois claustros; tendo partido em longas jornadas rezando e dando conselhos; tendo escrito centenas de cartas, três grandes livros ilustrados de teologia visionária, várias coleções de escritos sobre história natural e medicina, 77 músicas para uso litúrgico em sua própria comunidade e em outras e o *Ordo Virtutum*, um dos mais antigos dramas medievais sobre moralidade e a mais antiga peça musical religiosa existente. Tinha uma personalidade extraordinária: carismática, altamente inteligente, boa, porém rigorosa. Ela ouvia a música, que é a energia dinâmica que move a criação, a música que é o amor de Deus — mas também tinha tempo para escutar uma queixa de dor de cabeça, ou para castigar o imperador Frederico Barba-ruiva por agir infantilmente. Ela não aceitava nenhuma divisão essencial entre mente, alma e corpo.

Hildegard nasceu em 1098, a décima filha de uma família de pouca importância na nobreza germânica, e foi confiada à igreja aos oito anos. Viveu enclausurada, juntamente com a anacoreta Jutta von Spanheim, até completar quarenta anos, quando, com a morte de Jutta, tornou-se abadessa da comunidade e construiu para eles um novo claustro em Bingen, nas margens do Reno.

Suas visões nunca foram questionadas, durante sua vida ou depois dela — não somente as pessoas de sua comunidade, mas também figuras eminentes da igreja, como Bernardo de Clairvaux e o papa Eugênio III, aceitaram-nas como genuínas. Ela difere radicalmente de outros místicos de sua época e de épocas posteriores, pois tinha suas visões em estado de consciência, e não em êxtase ou em sonhos, e era capaz de ir, simultaneamente, relatando-as a um secretário. Hildegard dizia não rivalizar com estudiosos de teologia de Paris (Abelardo, por exemplo, foi seu contemporâneo), mas na verdade ela lia tudo, e ouvia com insaciável curiosidade todos que podia. Tinha uma opinião formada acerca de tudo, desde a natureza da encarnação até as propriedades da urtiga, e encontrou lugar para cada coisa no todo do movimento da criação. E há muita coisa genuinamente original, juntando-se à dádiva da sabedoria recebida a sua própria experiência em uma inspirada síntese.

Algumas das áreas verdadeiramente originais investigadas por ela foram a fisiologia e a psicologia da mulher. Ela foi a primeira e única escritora cristã, em séculos, que não tratou as mulheres como homens essencialmente imperfeitos. Ainda, todo o seu sistema teológico-cosmológico girava em torno de um conceito radical de redenção feminina. Pesquisando uma longa tradição que alcança o passado grego e judaico de compreensão da sabedoria divina — *sapientia* ou *sophia* — Hildegard identificou este instinto maternal de cuidar, de nutrir, de fertilizar, como sendo parte da natureza feminina de Deus. Seu conceito complexo e dinâmico sobre a Virgem Maria, mãe, apóia-se neste enfoque — para ela, Maria foi a *Salvatrix* e redentora mater, e as mulheres estariam mais próximas da imagem de Deus do que os homens.

Segundo Hildegard, a energia que move o universo — a qual ela chamava *viriditas*, ou a força verde — é também o poder da luz divina, que é o amor — *caritas*. Sua expressão na criação é a música. A criação original foi um milagre de equilíbrio, de perfeita harmonia, que a idéia do pecado original atrapalhou; a encarnação restaura uma nova harmonia — o mundo de Deus é música e a alma da humanidade é a sinfonia: *symphonialis est anima*.

Aí está uma mulher talentosa, mas também teimosa e determinada, disposta a capturar a essência das coisas a partir de toda técnica de que dispunha. Ela a descreve em palavras, ela analisa, relaciona esta essência com as escrituras, pinta-a, faz poesia sobre ela — e, principalmente, transforma-a em música. Julgando pela forma com que escreve sobre música no fim de sua vida — "Assim como o corpo de Jesus nasceu da pureza da Virgem, com o auxílio do Espírito Santo, também os cantos de louvor, ecos da harmonia celestial, provêm do

Espírito Santo" — concluímos que, de tudo isso, a música foi o que a inspirou mais profunda e poderosamente. Nela, Hildegard encontrou a expressão dinâmica do amor de Deus e de sua promessa de trazer a humanidade de volta para junto Dele, a expressão incorporada na dádiva crescente da *viriditas*.

■

Kate Brown é diretora de uma ópera. Em 1998, ela escreveu e dirigiu A Conversation with Angels, *baseada na vida e no trabalho de Hildegard de Bingen, que foi apresentada em Glasgow e Londres.*

Bernardo de Clairvaux
(c.1090-1153)

por Christopher Holdsworth

Bernardo normalmente é associado ao monastério no qual ele foi abade por 38 anos. Quando morreu, o lugar era uma das maiores comunidades da Europa Ocidental e encabeçava um grupo de 170 instituições, das quais ao menos sessenta haviam sido diretamente fundadas por ele ou revitalizadas a partir de comunidades já existentes, expandindo-se de Portugal à Suécia, da Irlanda ao Sul da Itália. Ele atraiu recrutas e benfeitores de uma forma sem precedentes, transformando o experimento do mosteiro cisterciense, iniciado em 1098, em um movimento europeu. Naturalmente, quando entrou em Citeaux em 1113, muitos de seus parentes e amigos mais próximos o acompanharam, sinal de seu poder de persuasão, que pode ter induzido Stephen Harding, seu abade, a designá-lo encarregado de Clairvaux depois de apenas dois anos de experiência monástica.

Abade Bernardo esforçou-se por se igualar aos grandes monges do passado, para atrair outros para o mesmo propósito e para tornar o amor, que os cistercienses consideravam como o laço de união de sua própria comunidade, ampliado na sociedade. Até o advento da cisma, ou divisão, da igreja ocidental em 1130, com a dupla eleição de Inocêncio II e Anacleto II, suas atividades fora de Clairvaux limitavam-se à região do noroeste da França e a correspondência trocada com um pequeno círculo externo. Com o passar do tempo, tais atividades expandiram-se cada vez mais, tornando-o uma das figuras mais conhecidas daquela época. Por que teria ele se envolvido em causas, como o ataque a Abelardo por ensinar heresias, ou à pregação da Cruzada, é difícil entender agora. Naquele tempo, acreditava-se que um monge deveria evitá-las. Entretanto, a habilidade de Bernardo em atrair pessoas, e mesmo em promover a paz entre inimigos formais, tornou-se conhecida. Muitos, inclusive alguns papas, o requisitavam constantemente, de forma que ele acabava ficando afastado de seu mosteiro meses a fio. Embora Bernardo afirmasse que ele era inútil fora de seu "ninho", quando afastado conseguia produzir feitos consideráveis, embora menos significativos do que seus admiradores mais entusiasmados acreditavam.

Alguns vinham vê-lo como um homem de Deus, que combinava asceticismo com intensa devoção pessoal, e atribuíam-lhe aqueles tradicionais sinais de poder divino — milagres. Bernardo era cético sobre suas habilidades em canalizar tais poderes, mas enquanto pregava as Cruzadas na Alemanha ele começou a crer que deveria dar mais atenção a suas aparentes curas.

Ele foi um daqueles que deu novo sentido à expressão da presença de Deus: é difícil imaginar um Franciscano antes de Bernardo. A evocação de Belém em seus sermões de Natal, certamente, está por trás da criação de uma manjedoura na cidade italiana de Gubbio, por Franciscanos, em 1223. Bernardo tornou a natividade um evento muito atual, da mesma forma que interpretou a história da noiva e do noivo no Cântico dos Cânticos como sendo a história da eterna procura, do indivíduo por Deus e Dele por nós. "Oh Senhor, és tão bom para aqueles que o procuram... como deves ser mais maravilhoso ainda para aqueles que o encontram. Ninguém pode buscar a ti a menos que já o haja encontrado. Tu desejas ser encontrado para que possas ser procurado e desejas ser procurado para que possas ser encontrado" (em *Amando a Deus*, salmo 22).

Qualquer um, ele dizia, pode experimentar esta busca e este encontro, uma vez que a busca demanda mais a ternura e o poder de imaginar estar sendo alimentado por intermédio de extensas considerações sobre a Bíblia, do que olhar pinturas e esculturas. Para encorajar outros, ele revelou mais de sua própria experiência do que, sem dúvida, qualquer um jamais havia feito no Ocidente, desde Santo Agostinho até Petrarca no século XIV. Escrevia tanto sobre suas dificuldades, quanto sobre o momento em que "tomou consciência" da presença de Deus (*Sermão do cântico dos cânticos*).

Embora Bernardo escrevesse principalmente para seus próprios monges, alguns tratados, incluindo os dois de maior sucesso, o breve *On Loving God* e o longo *On Consideration*, não foram dirigidos à sua comunidade. Ele nunca adotava um tom tão "monástico" que pudesse fazer sentir-se excluído quem não fosse monge. Aqueles educados em suas escolas poderiam achar confusas suas atitudes pouco diretas, evasivas e pouco lógicas, mas alguns deles, como John of Salisbury, consideravam poderosa sua identidade com a Bíblia. Agora, começamos a compreender que ele lia a Bíblia como Cassiano, ou Santo Agostinho: pensando na criação, sentindo-se como um contemporâneo das pessoas da Bíblia. Ele se dirigia à Virgem, por exemplo, como se o que aconteceu a ela ainda estivesse em andamento, ao contrário de Anselmo, para quem aquilo tudo era passado. Bernardo é chamado de "o último dos padres", mas poderia ser declarado como contemporâneo dos autores dos salmos bíblicos, ou de Paulo, ou da noiva do Cântico dos Cânticos. Ela, na verdade, foi seu modelo, tanto na procura por Deus, quanto no mundo exterior, onde ele imitava suas posturas enérgicas, "...terrível como um exército com bandeiras" (Cântico 6:4).

■

Christopher Holdsworth é professor emérito de história medieval na Universidade de Exeter.

Peter Abelardo
(1079-1142)

por David Luscombe

Muitos dos fatos sobre a vida e obra de Peter Abelardo não são espiritualmente encorajadores. Seu famoso *affair* com Heloisa começou em Paris, quando, ainda garota, ela lhe foi confiada por seu tio Fulbert, para ser tutelada. Eles tiveram um filho e casaram secretamente. Como vingança, Fulbert mandou castrar Abelardo. Separados, Heloisa entrou para o convento de Argenteuil, onde, contrariamente à sua vontade, tornou-se freira. Abelardo virou um incansável monge na real abadia de Saint Denis e mais tarde abade em Saint Gilda. Em 1121, seus escritos foram severamente censurados no concílio de Soissons; em 1140, tendo aderido a uma acirrada campanha liderada por Bernardo de Clairvaux, foi novamente condenado pelo papa Inocêncio II.

Abelardo tinha grande habilidade em provocar opiniões polêmicas sobre si e sobre seu trabalho. Na juventude, quando brilhava como professor de lógica, ele era gozador e gostava de bravatear; mais tarde desenvolveu um pensamento autêntico. Na primeira vez que Heloisa teve acesso a uma cópia de sua biografia, ela, irritada, o acusou de haver destruído sua vida. Tudo o que ela sempre quis foi estar com ele, e em resposta, Abelardo apenas aconselhou-a a rezar.

Após ingressar em Saint Denis como monge, devotou-se ao estudo da teologia. Ele agiu desta forma por acreditar que a aplicação dos instrumentos da lógica à teologia poderia esclarecer mal-entendidos. Foi este aspecto dos ensinamentos de Abelardo que atraiu as maiores críticas, embora não deva ser muito valorizado. Ele também promoveu a primazia da intenção sobre a ação na esfera moral; a importância da vida e da morte de Cristo, tomadas como exemplo; as modalidades por meio das quais os seres divinos se comunicavam com as criaturas; e em que extensão os filósofos da antigüidade aproximavam-se da fé cristã. Em relação a esta última questão, Abelardo sempre buscava apoio em Santo Agostinho, e algumas das muitas críticas que o atingiam surgiram a partir dos comentários de seus alunos acerca do que ele havia dito. Entretanto, após cuidadosa edição do conteúdo de seus estudos, observamos que os comentários se distinguem do material encontrado. Certamente, o colapso na carreira de Abelardo, primeiramente nas escolas e depois como monge e abade, impeliram-no a buscar novos objetivos, e o resultado dessa busca nos permite descobrir um gênio espiritual ainda negligenciado.

Em 1129, a propriedade onde se encontrava a comunidade de Heloisa em Argenteuil foi requisitada, justamente pela abadia de Saint Denis. Abelardo tinha algumas terras na diocese de Troyes, no leste da França. Na ocasião, ele era abade em Saint Gilda, na Bretanha, e encontrava-se extremamente infeliz. Anteriormente havia iniciado uma experiência como eremita em Quincey, que também havia terminado em lágrimas, mas o porquê disso tudo é a chave para se entender o homem. Abelardo começou a acreditar que a verdadeira filosofia — amor de devoção, literalmente — consistia em orações e prática de meditação em uma comunidade eremita. Ele admirava exemplos como os de Elias, João Batista, Santo Antônio do Egito e São Jerônimo, e tinha palavras de escárnio para o monasticismo convencional. Ele chamou sua fundação de oratório de Paracleto*
— O Consolador — e, quando soube da difícil situação de Heloisa, colocou a propriedade à disposição dela e de todas as suas irmãs que quisessem transferir-se para lá. Além disso, ele se tornou seu protetor, uma vez que tinha permissão para sair de Saint Gilda.

O que foi preservado da correspondência entre Abelardo e Heloisa constitui parte de seu legado. Sua autobiografia re-

---

*Paracleto, ou aquele que conforta e assegura a santidade; o próprio Espírito Santo. (*N. da T.*)

gistra o pecado que se tornou motivo de orgulho, e as cartas de Heloisa, inicialmente tão amargas, se transformaram em pedido de instruções e conselhos práticos. Nas partes menos lidas da correspondência, Abelardo escreve de forma erudita, quase excêntrica, sobre assuntos diversos como vestimentas, silêncio, comida, bebida, ofício, entre outros, sempre comovido com o papel das mulheres no Novo Testamento. E isto é somente uma pequena parte de sua contribuição para transformar o Paracleto em um convento de freiras. Ele providenciou para elas um livro de sermões, um conjunto de respostas para questões, concernentes às Escrituras, propostas pelas próprias freiras, um estudo sobre a Gênese, 133 hinos escritos e musicados por ele, antífonas, seqüências e respostas musicadas, coleções, um lecionário do ofício divino e um programa de estudos. Este, inspirado em Jerônimo, que também havia se dedicado a servir como guia para mulheres religiosas, refletia a preocupação de Abelardo com a importância da oração e dos estudos como um auxílio à sabedoria, e com a pobreza e a simplicidade como meios de se isolar dos problemas mundanos. Tal como Jerônimo, o tradutor, ainda que menos enfaticamente, Abelardo enfatizou a necessidade do estudo das Escrituras em seu idioma original.

Há séculos Abelardo vem sendo considerado um lógico brilhante e um teólogo herege. Durante o século XX, alcançou-se uma compreensão maior de seus propósitos como teólogo. Hoje em dia, é possível enxergar sua teologia monástica sob uma perspectiva mais clara. Por todos os seus erros e limitações ele acabou não sendo reconhecido como um dos pioneiros da reforma monástica do século XII.

■

David Luscombe é professor e pesquisador de História Medieval, da Fundação Leverhulme na Universidade de Sheffield.

Francisco de Assis
(1181/82-1226)

por Frances Teresa

Uma das coisas mais surpreendentes sobre Francisco de Assis é que quase todo o mundo já ouviu falar nele. Entretanto, as pessoas não sabem que ele nasceu por volta de 1181, foi um rico *playboy* na cidade de Assis, iniciou uma longa e difícil conversão enquanto era prisioneiro de guerra em Perugia, na Itália, e que sua busca incessante pela palavra de Deus culminou na criação da Ordem dos Franciscanos. As pessoas podem não conhecer da sua angústia, mas sabem de sua alegria. Elas sabem que ele estava do lado dos pobres e marginalizados, que era apaixonado por Deus e por todas as criaturas e que continua sendo um apoio e um amigo fiel de todos. Provavelmente não têm conhecimento de que ele recebeu o estigma e nem sabem o que isto significa, assim como a maioria de nós. Conhecemos apenas o essencial.

Francisco tinha como objetivo tornar-se a imagem e semelhança de Cristo. Deus o havia feito "à imagem de seu amado filho em corpo e alma". Ele temia que a palavra de Deus virasse matéria, por isto se manteve na pobreza e num total despojamento, buscando uma completa interiorização e privação (presenciada no momento de sua morte) como prova de sua autenticidade perante Deus.

Não temos como saber se vemos Francisco da mesma forma que seus contemporâneos o viam. Muitos pensavam que ele era louco, e a alguns ele conseguiu converter definitivamente. Os primeiros movimentos franciscanos eram repletos de personagens carismáticos e excêntricos (qualidades que perduraram na ordem). Francisco recebia a todos que apareciam como um irmão enviado por Deus, e em pouco tempo já eram quinhentos deles, que traziam muitos problemas para a sua ordem.

Em algumas histórias, nós o vemos como alguém tentando viver uma vida simples, guiada pelas palavras de Deus, ao mesmo tempo que tentava resolver problemas de regras e organização dentro da congregação — problemas estes que não eram o seu forte. Muitos se juntaram sem sequer conhecê-lo pessoalmente, e acabavam por discordar dele e dos outros. O resultado consistia em conflito, discussões e dor. Francisco viveu, tanto quanto pôde, de acordo com os valores de Deus, repleto da generosa alegria da cruz. Alguns se sentiram tentados a pensar em termos de clero, privilégios e carreira eclesiástica. Francisco nunca deixou de pensar naqueles que não tinham onde se apoiar.

Nós examinamos Francisco de forma acurada, imagino, e falhamos completamente ao tentar entendê-lo. Somos atraídos pela sua intimidade com Cristo, sua gentileza para com os que se encontravam vulneráveis, seu trato com os animais e pelo que sua biografia chama de "restauração da pureza original". Nós gostaríamos de poder acalmar lobos, como o que aterrorizava a cidade de Gubbio, e também aqueles que estão dentro de nós. Quando lemos suas primeiras histórias, achamos que isso tudo soa estranho (e na época, provavelmente, era estranho). Ficamos desarmados com sua eterna consternação — as histórias são muitas — e pensamos em quando ele mandou que o jovem e aristocrático Rufino fosse rezar nu na catedral de Assis, e no pronto arrependimento de Francisco, que foi juntar-se a ele na cidade, também nu. Atrás dele, ia seu fiel e compreensivo amigo, secretário, confessor e confidente, irmão Léo, carregando dois hábitos já preparados.

O que estaria pensando Clara de Assis, prima de Rufino, ao escapulir no meio da noite para juntar-se a Francisco e seu grupo? Não duvido de que sua família tenha ficado estarrecida com aquele comportamento. Ela agravou a situação vendendo seu dote e parte do de suas irmãs, distribuindo a renda entre os pobres, prometendo obediência a um esfarrapado ilegal e não ordenado e, depois, trabalhando (tal qual Francisco) como serviçal nas cercanias do mosteiro Beneditino — atitudes escandalosas, porém irretocáveis, na Europa do século XIII. Ela foi a primeira a compartilhar inteiramente de suas visões, e muitos anos após sua morte ainda permanecia como um marco de autenticidade na antiga irmandade, de forma que Léo e os outros permaneceram junto a ela e à ordem das Freiras Menores, e estavam ao pé de seu leito de morte em 1253. E como eram jovens quando tudo começou! Para eles, Francisco não era um tolo, e sim um homem sábio que vendeu tudo que possuía e ganhou não só a terra, mas também as riquezas que nela havia.

Nós não podemos avaliar quão profundos eram a depressão e o desespero de Francisco com os conflitos em sua ordem. Consideramos o quadro embaraçoso e inadequado para a imagem despreocupada que fazemos deste santo. Também não conseguimos entender a experiência em La Verna, onde, dois anos antes de sua morte, ele apareceu com as chagas do próprio Cristo nas mãos, nos pés e nas laterais do corpo. Querendo compartilhar do amor e do sofrimento de Cristo, ele imergiu nas trevas de forma terrível e profunda. Em algum momento, isto deu origem ao alegre "Cântico ao Sol": "Louvado seja, meu Senhor... por nosso irmão sol... pela irmã lua e as estrelas... pelo irmão vento, pelo ar... e todas as criaturas." Este foi o primeiro salmo da poesia italiana e o ponto máximo da exultação de uma vida dedicada a amar a Deus. É difícil entender como pode existir tanta glória, dor e grandeza em um homem tão pequeno e pobre. Tão desprovido e de fala tão simples que podemos entender cada uma de suas palavras.

■

Irmã Frances Teresa pertence à comunidade das Claras Pobres em Arundel, oeste de Sussex, na Inglaterra.

Dante Alighieri
(1265-1321)

por Eamon Duffy

Dante Alighieri nasceu em Florença, Itália, em 1265 e morreu em Ravena, exilado por uma facção rival da cidade, em 1321. Ele viveu sob alguns dos mais tempestuosos eventos na história da Itália, incluindo o rápido reinado seguido de abdicação do eremita santificado, papa Celestino V. Foi o sucessor de Celestino, o mundano Bonifácio VIII, quem proclamou o primeiro ano do jubileu sagrado em 1300.

Dante era um homem de valores rígidos e um crítico severo e impiedoso para com aqueles que não os observava. A escolha de Celestino V prometia a transformação espiritual de uma igreja corrompida: Dante ficou horrorizado com sua abdicação e o colocou no primeiro círculo do inferno* por esta "terrível recusa". Mas Dante detestava ainda mais Bonifácio VIII, que decretou na Bula papal *Unam Sanctam* que "toda criatura humana deve sujeitar-se ao pontífice romano". Dante o caracterizou com a cabeça imersa em uma fornalha incandescente, na galeria dos papas amaldiçoados, no oitavo círculo. Dante venerava o papado, mas acusava-o de estar prostituído por culpa dos papas de seu tempo. Ele dizia, com sarcasmo, que os arranjos no tráfego do inferno espelhava-se no que era visto pela multidão em Roma durante o jubileu de 1300. Ele foi um dos que torceu por um imperador messiânico, capaz de pacificar a Itália e a Europa, e de prover a igreja com padres veneráveis.

A jornada ficcional de Dante através do inferno, do purgatório e do céu, *Divina Comédia*, é um dos maiores poemas da literatura mundial, ao lado das obras de Homero e Shakespeare. Ele é também a mais profunda expressão da esperança cristã fora do Novo Testamento. Jornadas de cunho moral através de outros mundos eram bastante comuns na Idade Média. A de Dante, no entanto, foi única na grandeza e intensidade de suas descrições do bem e do mal e na majestosa prestação de contas sobre o destino do ser humano. Lançado na Semana Santa e na Páscoa do ano do jubileu sagrado de

---

*Referência a *A Divina Comédia* (Nova Cultural, 2002), obra literária em que Dante divide o inferno em nove círculos. (*N. da T.*)

1300, a jornada visionária de Dante tornou-se seu legado espiritual em forma de ficção.

A obra se inicia com o poeta relatando uma passagem sem nenhum propósito claro: "Perdido numa selva assustadora, Dante vaga durante toda noite. Ao amanhecer, deixando-a, começa a subir por uma colina." À medida que a jornada continua, ele é atormentado e penitenciado com o conhecimento cada vez mais profundo das vilanias humanas, que vão sendo sanadas e perdoadas enquanto ele sobe a montanha do purgatório. Deixando para trás os pecados mortais, ele finalmente ascende aos círculos do céu, movimentando-se em meio a murmúrios, até uma rápida visão da santíssima trindade — "o amor que move o sol e as outras estrelas".

O amor domina o poema. Sobre os portões do inferno está escrito: "fui feito por Poderes Divinais... abandonai toda a esperança, ó vós que entrais!", porque amaldiçoados serão aqueles que virarem as costas ao amor. Dante, apoiado na filosofia de Aristóteles, não via a maldição como uma punição imposta pela quebra dos mandamentos, e sim como conseqüência da perda da verdadeira humanidade, que acontece, inevitavelmente, quando rejeitamos as virtudes para as quais fomos criados. Para Dante, assim como para São Tomás, a graça da palavra de Deus aperfeiçoa, embora não supere, a cultura humana e a virtude natural. Seu guia através do inferno e do purgatório é um pagão, o poeta Virgílio, mestre adorado de Dante, excluído para sempre das visões do paraíso por sua falta de fé e pelo fato de não ter sido batizado, mas que era apto, no entanto, a guiá-lo até os limites do céu. Ele é então substituído por Beatriz, paixão da infância de Dante, que se tornou para ele o símbolo da procura pela graça e verdade de Deus em sua própria vida. Entre outras coisas, o poema de Dante é uma espécie de meditação sobre o significado da cultura leiga, que resultou trágica em vista da inutilidade, mesmo da mais nobre virtude, sem a graça de Deus.

A *Comédia* era única, tanto em termos teológicos quanto literários. Não havia precedentes para o purgatório de Dante. Longe de ser uma câmara de torturas, era um lugar de esperança e crescimento espiritual, no qual o sofrimento terapêutico é fortemente acolhido por "espíritos afortunados", que trabalhavam para se libertar das correntes forjadas por seus pecados "*solvendo il nodo*" (dissolvendo o nó). Se o repulsivo *Inferno* é mais famoso, o *Purgatório* é o mais comovente e acessível segmento do poema. Seu tom é impactante desde a cena de abertura, quando os peregrinos emergem do inferno à superfície, nos primeiros raios de luz da madrugada do dia da Páscoa. Gentilmente Virgílio seca as lágrimas de tristeza e horror das faces traumatizadas de Dante, com um punhado de ervas frescas e macias, o que os renova enquanto retomam a coragem. Não há momento mais terno em todo o poema.

A *Comédia* é uma das fontes determinantes da cultura ocidental, evocando imagens inesquecíveis a artistas como Blake e Doré, inspirando grandes poesias modernas, como *Wasteland* e *Four Quartets*, de Eliot, ou *Station Island* de Seamus Heaney. Ela é, também, um grande ato de criatividade espiritual, uma majestosa e apaixonada visão que não perdeu nada de seu poder desafiante, inspirador e arrebatador.

∎

Eamon Duffy é um estudioso da história da igreja na Universidade de Cambridge.

Meister Eckhart
(c.1260-c.1328)

por Denys Turner

A influência de Meister Eckhart é, provavelmente, maior hoje do que em qualquer época desde sua morte. Ele era um pastor cristão que nos conseguiu desafiar e ao mesmo tempo ser desafiado, na área da teologia acadêmica, do ponto de vista da prática da compaixão. Este Dominicano altamente intelectualizado pregou sermões para mulheres sem instrução nas terras do Reno no século XIV, que até hoje confundem as maiores mentes acadêmicas da atualidade com paradoxos perturbadores e tecnicamente complexos. Ele também produziu tratados acadêmicos, como professor de teologia na universidade, que se tornaram desafios espirituais capazes de se propagar com rapidez e direcionamento através dos séculos, desde sua morte. Nós só possuímos breves evidências acerca dos acontecimentos de sua vida — suficientes para traçar uma análise superficial — e rastros de evidências de sua vida interior, descobertos por meio de seus escritos. Sua vocação para frade dominicano obrigou-o a uma extensa gama de responsabilidades de cunho acadêmico, administrativo e pastoral. Duas vezes mestre em teologia na Universidade de Paris, era comum que ele se dividisse entre teses acadêmicas e sérias responsabilidades eclesiásticas, pois mandatos permanentes não eram normais entre os professores das universidades medievais. Logo, ele também serviu como prior e como superior provincial, e nos últimos dez ou 12 anos de sua vida ele foi designado para atividades pastorais em inúmeras comunidades de mulheres, particularmente naquelas conhecidas como Beguines, que floresceram nas terras no Reno em princípios do século XIV.

Esta última atividade foi decisiva sob dois aspectos. Na formulação de suas idéias, uma vez que foi nesse período que ele produziu muitos dos trabalhos que lhe deram notoriedade, como os sermões germânicos, pregados nessas congregações de mulheres em Estrasburgo e Colônia. E, no curso de sua vida, pois, foi em decorrência de sua associação com as Beguines que, já idoso, ele entrou em conflito com o arcebispo de Colônia, Henrique de Virneberg, cuja perseguição ao movimento das Beguines foi implacável por mais de vinte anos.

Chamado a depor na corte arquiepiscopal de Colônia, em 1326, por acusações de heresia, Eckhart apelou ao papa João XXII em Avignon. Viveu o suficiente para apresentar sua defesa à comissão investigadora, mas morreu, provavelmente, em

1328, um ano antes da publicação da bula papal *In agro dominico*, na qual cerca de 28 proposições, tiradas em grande parte de seus sermões germânicos, foram consideradas heréticas, perigosas ou mal-intencionadas. Por conseqüência, não podemos saber o que Eckhart diria em resposta à bula papal, embora tenha protestado no tribunal que a corte estava levando em consideração proposições tiradas de um contexto cujo significado era extremamente ortodoxo. Deve-se observar que quase todas as questões condenadas derivavam de suas pregações sobre a religião cristã, donde podemos supor que os objetivos de sua retórica diferiam daqueles usados nos textos de teologia acadêmica de origem latina, formulados com precisão e cuidado.

Como pregador, Eckhart tentou algumas inovações como uma espécie de estratagema espiritual. O que mais importava para ele, enquanto pregava, não era tanto o significado de suas palavras, e sim o efeito que o ato de dizê-las provocava nas mentes e nos corações de sua congregação. Assim como muitos teólogos medievais, Eckhart considerava a linguagem da fé como inerentemente "sacramental", porque correspondia exatamente ao que dizia. Entretanto, o que nos soa bem estranho quando lemos essas curtas homilias, é o fato de que Eckhart recusava-se com determinação a ser intelectualmente condescendente com sua audiência, e mais ainda o fato de ele procurar um caminho direto ao coração, pela razão. Estudiosos modernos que há tempos se esforçam por entender o significado de suas palavras, encontram-se, invariavelmente, tocados por elas. Quando ele pede a seus ouvintes que "deixem Deus em paz, pelo amor de Deus" e em conseqüência "caiam no abismo da divina inexistência", Eckhart está pregando diretamente àquela nossa "base interior" — nosso vazio — que, segundo ele, é Deus.

Eckhart nunca imaginou que uma boa pregação fosse, por si só, uma forma de santidade. Sendo, entretanto, um dominicano em cada fibra de seu ser, foi certamente com o objetivo de pregar que ele buscou a santidade, e foi nas pregações que sua santidade se manifestou mais plenamente. Acima de tudo, ele amou a Deus com a razão. Para ele a "razão" era simplesmente a paixão por Deus. E ele nos fala por meio de paradoxos, como falava com seus contemporâneos, porque nós sabemos, talvez ainda menos do que eles, sobre tais assuntos.

■

Denys Turner ensina sobre divindade, pela fundação Norris-Hulse, na Universidade de Cambridge.

Domenico (São Domingos)
(c. 1170-1221)

por Richard Finn

Os Franciscanos, no século XIII, estavam determinados a apresentar narrativas detalhadas da história de seu fundador, por meio de textos e pinturas; os Dominicanos, não. Eles não viam Domenico como um modelo único para ser imitado pelos cristãos em todos os caminhos da vida. Sua importância para eles assenta-se, sobretudo, na criação de uma ordem religiosa de âmbito internacional, dedicada à pregação e ao trabalho assistencial de reconciliação dos penitentes com Deus.

De origem espanhola, nascido por volta de 1170 na cidadezinha de Caleruega, Domenico começou a carreira eclesiástica como clérigo e padre na catedral de Osma. Depois de

1203, ele comprometeu-se profundamente com a tarefa de pregar a fé católica em Languedoc, no sul da França, onde ela era ameaçada pelos cartagineses* ou pelos albigenses**. Eles eram dualistas radicais: para eles o mundo visível ou real era um trabalho do diabo, a quem eles apresentavam quase como um Deus rival. Em seu mundo, as mulheres tornavam-se homens para poder entrar no paraíso e as crianças ainda não nascidas eram chamadas de demônios. Salvação significava abandonar a matéria. Contra isto, os dominicanos defendiam o dogma da encarnação e da restauração de nossa verdadeira — embora danificada — humanidade, pela sagrada humanidade de Cristo.

O que caracterizava o modo pelo qual Domenico defendia suas idéias era a compreensão de que elas demandavam um extenso debate, que por sua vez exigia do pregador longos estudos teológicos além de contato com as pessoas em circunstâncias bem diferentes daquelas que prevaleciam formalmente. Não era suficiente escrever um tratado num monastério distante, ou aparecer diante de uma multidão, fazer sermões e partir. Você tinha de estar envolvido com o que os outros estavam pensando e dizendo. Daí a famosa história de que Domenico teria passado uma noite inteira bebendo numa taberna, enquanto discutia com um herege. A prontidão em transmitir a fé por meio do debate era mais importante para ele do que preservar a imagem tradicional de decoro do cle-

---

*Original da cidade de Cartago, antiga colônia fenícia no norte da África. (*N. da T.*)
**Membros da seita dos cátaros, surgida na França no século XI e exterminada no século XIII. (*N. da T.*)

ro. E, ainda, as posições assumidas só davam frutos quando os argumentos eram coerentes com uma determinada postura: a pobreza mendicante, que tanto os cartagineses quanto os católicos viam como uma expressão autêntica da vida apostólica, fiel às instruções dadas por Jesus aos apóstolos. Pregadores deviam ser mendigos.

Até 1215, o trabalho de Domenico em colaboração com o Bispo Fulk, de Toulouse, e um pequeno grupo de inspiração e pensamento semelhantes, estava limitado a Languedoc. Depois dessa data, seus horizontes se alteraram. Aos poucos, ele emergiu como o fundador de uma ordenação internacional, dispersando o pequeno grupo de Toulouse na festa da ascensão da Virgem em 1217, enviando-o para procurar postos na Espanha e em Paris, que eram os mais importantes centros de estudos teológicos avançados da Europa. Outras fundações logo surgiram em Roma e em Bolonha, a segunda cidade universitária mais importante da Europa, enquanto um grupo de frades alcançava Oxford e suas universidades em 1221. Por trás desse repentino desenvolvimento, podemos identificar a mão aprovadora do papa Inocêncio III. Domenico viajou para Roma em 1215 a fim de receber sua sanção para a comunidade de Toulouse.

O papa Inocêncio pode muito bem ter sido a inspiração por trás de tudo, mas Domenico trabalhou duro nos anos seguintes para ganhar a confiança de seu sucessor, papa Honório III. Sua órbita mudou, então, de Languedoc para a Itália, onde fez visitas freqüentes à corte papal. Em 1216, Honório III confirmou a adoção do estatuto de Santo Agostinho pelos dominicanos. Surgiu daí uma ordem religiosa espalhada por todos os mais importantes centros universitários da Europa, de onde recrutas treinados podiam ser enviados para pregar a ortodoxia e as reformas da igreja, determinadas pelo 4º Concílio Laterano* de 1215, com ênfase nos sacramentos, na regularidade da confissão, e na doutrina da transubstanciação**. Esses frades, ao contrário dos monges, que prestavam votos de estabilidade a uma única abadia ou priorado, podiam ser movimentados e enviados para onde eram mais necessários.

A história recontada por Humbert of Romans, o quinto mestre da ordenação dominicana (1254-1263), sugere o impacto causado pelos frades na sociedade medieval. Uma eremita italiana, que via sua segurança e seu progresso espiritual protegidos no estrito confinamento de sua cela, esperava com entusiasmo pelo primeiro encontro com esses pregadores viajantes. Quando, porém, abriu a janela e viu quão belos eram os jovens dominicanos, a anacoreta, chocada, fechou a janela em suas caras. Foi necessária uma visão de Nossa Senhora para convencê-la de que aqueles novos religiosos poderiam sobreviver àquela missão com suas virtudes intactas.

A genialidade daquele santo estava prestes a criar uma estrutura que servisse a seu propósito. Insistia em estudos prolongados de filosofia e teologia, no equilíbrio entre elementos ativos e contemplativos e numa estrutura legislativa e constitucional suficientemente flexível para se encaixar às circunstâncias variáveis da missão. Aqui, também, Domenico parecia agir por meio de debate. Nas assembléias ou passagens que

---

*Da igreja master de Roma, sob o reinado de Inocêncio III. (*N. da T.*)
**Transformação do pão e do vinho no corpo e sangue de Cristo. (*N. da T.*)

demonstravam como os primeiros irmãos viviam e trabalhavam, ele concedia a palavra a outros. A fé que depositava em sua irmandade deu-lhes confiança para continuar, aparentemente sem grandes crises, após sua morte, em 6 de agosto de 1221.

■

Richard Finn, um frade dominicano, é vice-reitor de estudos em Blackfriars, Oxford.

Tomás de Aquino
(c. 1225-1274)

por Herbert McCabe

Tomás de Aquino é considerado o maior teólogo da igreja cristã e um dos maiores filósofos do Ocidente, ainda que seja visto como uma espécie de ateísta e algo materialista. Ateísta, porque, assim como os dez mandamentos, ele começou condenando qualquer veneração aos deuses. Materialista, porque rejeitou o dualismo que remonta, no mínimo, a Platão e que influenciou seriamente os filósofos — a idéia de que somos constituídos por um mecanismo chamado corpo, ligado de alguma forma a um "ser" ou "alma", que, contrastando com o corpo, nos transforma em uma pessoa. O maior expoente a apoiar este ponto de vista nos primeiros anos da era moderna foi René Descartes, no início do século XVII. No século passado, Ludwig Wittgenstein começou uma revolução anticartesiana e nos trouxe de volta, de certa forma, a originalidade do pensamento de Tomás de Aquino.

Um de seus contemporâneos o descreveu como impressionantemente alto e, na meia-idade, muito gordo (seus estudantes espalharam a história de que por causa de seu tamanho eles tinham de cortar um semicírculo em seu lugar na mesa). Ele era famoso pela absoluta intensidade de suas teses e produções literárias — diziam que ele tinha quatro secretárias, a quem ditava quatro diferentes trabalhos simultaneamente. Sua devoção à vida intelectual era sustentada por uma profunda devoção às orações litúrgicas e contemplativas.

Tomás nasceu perto de Aquino, no limite noroeste do reino da Sicília, governado pelo imperador Frederico II, que vivia em conflito com o papa. Sua influente família enviou-o, então, para a universidade do imperador em Nápoles. Nisto ele teve sorte, pois sofisticados eruditos muçulmanos e judeus começavam a chegar à Europa, e Tomás, guiado por Peter of Ireland, teve acesso às traduções dos mais importantes trabalhos de Aristóteles, que há muito haviam desaparecido do Ocidente.

Foi lá, também, que ele entrou em contato com os novos frades dominicanos, que combinavam o voto de pobreza com uma vida de orações, estudo e pregações. Ele queria juntar-se a eles, o que envolvia uma jornada para o norte. Sua família, que nutria esperanças de vê-lo como o futuro abade da prestigiada instituição beneditina de Monte Cassino, teve de detê-lo à força. Depois de cerca de um ano resistindo a suas pressões,

Tomás obteve consentimento para prosseguir seu caminho para Paris. Lá, ele completou a maior parte de seu mais importante trabalho: o *Summa Theologiae*.

Dizem que quando criança ele costumava incomodar a todos perguntando: "O que é Deus?" Certamente, esta questão perseguiu Tomás por toda a vida. Ele achava que devia haver uma explicação definitiva para a existência do universo em lugar de somente o nada, mas ele também achava que, qualquer que fosse essa explicação, ela estava além da compreensão humana. A explicação que procuramos é uma explicação para tudo, e é por isso que não conseguimos alcançá-la. Nós deveríamos conceber Deus somente como ele é quando nos leva além da fé a uma "visão beatificada", uma porção da compreensão de Deus acerca de sua própria existência, quando compartilhamos sua divindade.

Nós, entretanto, podemos falar sobre Deus porque já sabemos ao menos qual *não é* a explicação para a criação do Universo. Por exemplo, sendo Deus o que for, ele não é um sinônimo daquelas magníficas forças naturais que parecem se elevar sobre nós. Não existe, mas deveria existir, nenhuma referência a Deus nos livros de física porque a explicação do poder de Deus não reside em causas físicas, mas é uma fonte constante de todas essas causalidades. E sobre a causalidade de nossas livres escolhas? Existiria o livre-arbítrio num mundo tão absolutamente controlado por Deus? Tomás de Aquino responde que nós somos livres, não porque somos independentes de Deus, mas porque somos, até certo ponto, independentes das outras criaturas semelhantes a nós. Isto acontece porque nossa vida, nossa *anima* ou alma, não é somente, ao contrário dos animais, o princípio da estrutura e funcionamento corporal, mas também as estruturas de símbolos e linguagem que o ser humano produziu. E por isso somos livres.

Outra coisa que podemos alegar sobre Deus é que não foi ele quem criou o pecado. Fomos nós, com nosso livre-arbítrio, que o criamos, porque ansiamos, algumas vezes, por coisas triviais, como enriquecer, à custa de coisas realmente importantes como justiça e compaixão. Nós não pecamos porque adoramos o mal, e sim porque não desejamos suficientemente a nossa própria felicidade.

De acordo com a doutrina de Aquino sobre Deus, a coisa mais emocionante é o que entendemos por fé: que o filho de Deus compartilhou sua vida conosco não só para que pudéssemos ser melhores seres humanos, mas também para que pudéssemos experimentar a vida do Espírito, a vida do próprio Deus. Ao fim de sua vida, após retornar de Nápoles, que tipo de experiência Tomás de Aquino viveu? Enquanto celebrava a missa, ele teve uma visão que, segundo ele, comparados a ela, nenhum de seus ensaios teológicos tiveram qualquer valor — sentimento em conformidade com seus pontos de vista durante toda vida, acerca do mistério e da quase inefabilidade de Deus; opinião certamente compartilhada por qualquer teólogo genuinamente cristão.

■

Herbert McCabe era um frade dominicano que ensinava filosofia e teologia em Blackfriars, Oxford. Faleceu em 28 de junho de 2001.

Brigite da Suécia
(1303-1373)

por Roger Ellis

Mais conhecida no século e meio antes da Reforma do que então, Santa Brigite da Suécia está em foco novamente por causa da decisão do papa João Paulo II de pronunciá-la "co-padroeira da Europa". Ela é conhecida como a fundadora de uma ordem religiosa contemplativa, estabelecida "principalmente e acima de tudo para mulheres" e por instituir uma forma incomum (naquele tempo) de monastério misto, liderado por uma abadessa, e onde um grupo mais numeroso de freiras recebia os sacramentos dos monges. O começo de vida de Brigite foi bastante convencional. Nascida em uma das mais nobres famílias da Suécia, e aos 13 anos unida pelo casamento a outra família nobre, deu à luz oito crianças. Também foi ativa na vida da corte. Depois de uma peregrinação a Santiago de Compostela em 1341/1342, Brigite e seu marido, Ulf, fizeram votos de castidade, uma indicação de seu espírito religioso e o primeiro passo no intuito do casal de entrar para a vida religiosa.

A morte de Ulf logo em seguida lançou Brigite num caminho totalmente diferente. Em 1344, ela recebeu uma mensagem de Deus, a primeira de mais de setecentas outras. Nessa "mensagem convocação", uma espécie de experiência de conversão climática que ela compartilhou com outros visionários medievais, Deus prometeu torná-la sua esposa e um canal de expressão de seus objetivos.

Ela decidiu, então, criar uma nova ordem religiosa que pudesse interromper o já perceptível declínio na vida religiosa da Europa e promover a regeneração espiritual das autoridades religiosas e seculares. A fim de assegurar a aprovação do papa ao projeto, ela foi instruída a viajar a Roma para as comemorações do Ano Sagrado de 1350, e lá permanecer até o retorno do papa de Avignon, sede do papado desde 1309. Logo, uma santa, cujo temperamento a levou a procurar um monastério, foi enviada à cidade que havia se tornado um sinônimo de corrupção e decadência. Ela esperou quase vinte anos para o cumprimento dessas promessas divinas. Durante esse tempo, excetuando as jornadas que fez a centros de peregrinação, como Assis, por exemplo, ela viveu em Roma como uma cidadã, seguindo um regime de orações e privações, tão próximo quanto possível daquele que ela havia projetado para sua ordem, e permanecendo inabalável em sua crença ortodoxa.

O papa retornou a Roma em 1367, mas ficou por pouco tempo antes de voltar a Avignon. Para piorar, ele aprovou a criação da ordem em 1370 de uma forma diversa da intenção original de Brigite, e muito mais próxima dos arranjos monásticos já existentes, que ela identificava como parte do problema. Ela deve ter sentido que tudo que almejara conseguir, e pelo qual lutara, desde seu chamado divino, tinha resultado em nada. Possivelmente em reação a este desapontamento, ela passou o último ano de sua vida em peregrinação à Terra Santa. Brigite não viveu para ver a completa realização de seus instintos proféticos, pois logo após a deflagração do Grande Cisma em 1378, quando seus seguidores colocaram todas as suas forças a favor do novo pontífice romano eleito e contra o antipapa francês, a ordenação foi aprovada, substancialmente como ela a havia concebido.

Sendo uma nobre — mesmo originária de um país tão distante de Roma como a Suécia medieval — foi muito mais fácil para Brigite se fazer ouvir nos concílios dos grandes. Lembremos, comparativamente, das dificuldades e do fogo que aterrorizou a visionária burguesa Margery Kempe (1373-c.1436) e que queimou a camponesa Joana D'Arc (1432). Mesmo assim, Brigite e seus seguidores tinham de enfrentar, regularmente, de cabeça erguida, a acusação de que Deus não teria, certamente, escolhido uma mulher ignorante, para tornar conhecidos seus objetivos. Por este foco, a decisão de Brigite de assumir o papel de cidadã privada, enquanto seguia um regime quase monástico, nos mostra de que forma ela teria de ser vista para estar em conformação com os estereótipos de vida religiosa aceitos por Roma.

Sua importância para o novo milênio não reside em suas muitas visões, nem em seu exercício de aceitação de seus papéis de esposa, mãe e viúva — embora isto possa ter influenciado o papa da época, assim como Benedito IX, quando a canonizou em 1391. Sua importância também não está em sua forma original de conceber o papel das freiras, ou em suas jornadas como peregrina através da Europa, ou em sua expressão de carisma profético, não relacionada à forma pela qual convencionalmente entendemos a palavra profecia.

Não. Seu grande legado, a meu ver, vem daqueles vinte ou mais anos de espera e, acima de tudo, da resposta que ia de encontro a tudo aquilo em que ela havia acreditado e a que havia se dedicado na vida. A dupla experiência de esperar e não conseguir a fez mais genuinamente importante para a vida dos cristãos do novo milênio do que qualquer outra coisa em sua história.

■

Roger Ellis ensina literatura medieval e escrita criativa na Universidade de Cardiff em Wales.

Gregory Palamas
(c.1296–1359)

pelo Bispo Kallistos of Diokleia

A Terra unida aos céus,
e todo simples arbusto em guerra
*   com Deus;*
e somente aquele que enxerga
*   pode louvar...*

As palavras de Elizabeth Barrett Browning resumem o ponto de vista de Gregory Palamas. Ele é, certamente, um daqueles que "enxerga" e "louva", que acredita apaixonadamente que a "Terra está unida aos céus", que Deus, com sua energia divina, está presente em todo lugar e preenche todas as coisas. Ele é, por excelência, um teólogo da transfiguração de Cristo, alguém que acredita que a luz de Tabor — monte onde aconteceu a transfiguração de Cristo — está ao nosso redor, dentro de cada pessoa e de cada coisa. O portão do paraíso está em todo lugar. O maior pensador religioso dos últimos séculos do império bizantino é, ao mesmo tempo, alguém que fala aos nossos dias e um santo ecologista, cuja teologia da gloriosa transfiguração é altamente relevante para o Ocidente contemporâneo, que perdeu de forma tão trágica todo senso do sagrado.

A vida de Gregory divide-se em três períodos distintos. O primeiro deles foi sua época de isolamento. Por volta dos vinte anos, ele ingressou na vida monástica na Montanha Sagrada de Athos. Lá ele se tornou um *hesychast*, aquele que procura a *hesychia*, paz interior ou quietude do coração. Ele aprendeu a usar as orações de Jesus e a invocar repetidamente, "Senhor Jesus Cristo, filho de Deus, tenha piedade de mim". Ele também ficou sabendo, e provavelmente experimentou, da visão da luz que os monges Athonitas recebiam, de vez em quando, durante suas orações, e que acreditavam ser nada menos do que a luz divina do Monte Tabor.

Veio então o segundo período. A forma de oração dos *hesychast* praticada na montanha sagrada foi posta em dúvida por um erudito de origem grega, vindo do sul da Itália, Barlaam, o calabrês. Para ele, a radiação vista pelos monges não era mais do que uma luz física e produzida, uma ilusão ótica causada por técnicas que eles adotavam. Gregory saiu em defesa da tradição *hesychast*, transferindo-se de Athos para a capital imperial. Três concílios que aconteceram em Constantinopla (1341, 1347, 1351) reclamam a presença de Gregory para afirmar que a luz vista pelos *hesychasts* era realmente a luz que emanou de Cristo em sua transfiguração. Esses três concílios possuem dentro da igreja ortodoxa uma autoridade somente inferior àquela dos sete concílios ecumênicos.

Gregory viveu num tempo em que a Grécia oriental e o Ocidente de origem latina estavam seguindo caminhos decididamente diversos, mas ele não desenvolveu sua teologia acerca da luz divina em oposição consciente ao Ocidente latino. Sua compreensão da glória da transfiguração, longe de dividir opiniões entre católicos e ortodoxos, podia ajudar a promover sua união. Era parte de uma herança compartilhada.

O terceiro período da vida de Gregory começa em 1347, quando ele foi designado arcebispo de Thessalonica, a segunda cidade mais importante do império bizantino. Lá ele era encarregado de um grupo extremamente dividido. Ele provou ser um perfeito apaziguador, com um entusiasmo intenso pela justiça social. Logo, sua vida incluía tanto o deserto quanto a cidade, tanto a solidão quanto a atividade pastoral. Ele foi proclamado santo em 1368, somente nove anos após sua morte.

Como um teólogo místico, Gregory estava preocupado em conservar, acima de tudo, três coisas. Primeiramente, sendo um filósofo existencial ou experimental ele insistia na primazia da experiência pessoal. O que importava para ele era que cada um de nós deveria atingir, conscientemente, a capacidade de estar "face a face" com o Deus vivo, que ele acreditava ser possível não somente no céu, mas no decorrer da vida.

Em segundo lugar, Gregory fala da "proximidade com o eterno, apesar da diferença", usando uma frase de Evelyn Underhill. Ele coloca igual ênfase, tanto na transcendência quanto na imanência de Deus. O Divino é um mistério além de toda a compreensão, mas ainda assim é mais próximo de nós que nosso próprio coração. Como Meister Eckhart, seu contemporâneo ocidental, Gregory empregou a linguagem da antinomia e dos paradoxos ao falar de Deus: "ele tanto existe como não existe" — Deus, por assim dizer, existe num senso único; ele não é somente um objeto existente entre muitos outros — "ele tem muitos nomes e mesmo assim não pode ser nomeado; ele é um ser sempre movente, ainda que sem movimento; ele é tudo, ainda que não seja nada".

Para resguardar esses dois aspectos complementares da realidade divina, Gregory criou uma distinção entre a essência — ou ser interior — de Deus, e sua energia — ou atos de poder. A essência significa sua transcendência divina, sua distinção, e como tal permanece inacessível aos seres criados, não somente na vida atual, mas também na era que está por vir. A energia permeia o universo inteiro e nós, humanos, podemos experimentá-la pela graça.

Por último, acreditando desta maneira na onipresença da energia divina, Gregory insiste na divindade intrínseca do corpo humano e de toda a criação material. A luz divina transfigura o corpo e a alma dos santos, de forma que eles se tornam — em corpo e alma — aquilo que eles vêem. Como ele disse, "o corpo é divinizado juntamente com a alma".

É isto que o distingue como teólogo em nossa era dessacralizada.

■

Bispo Kallistos of Diokleia é conferencista sobre estudos orientais ortodoxos na Universidade de Oxford.

Sergius de Radonezh
(c. 1314-1392)

por Sergei Hackel

Os olhos assustadores de Sergius se fixavam em mim através de meu livro. O artista os retratou sem foco, quase vesgos. É uma imagem de 1422, o ano em que Sergius foi declarado santo, e isto requer uma discreta investigação. Ele havia morrido apenas trinta anos antes, e novas evidências ainda podiam estar sendo colhidas. Artistas e escritores logo cuidaram para que aquela imagem fosse preservada. Sergius segurava um pergaminho enrolado. Se o pergaminho seria desenrolado não foi revelado em seus seletos ensinamentos, pois Sergius não deixou nenhum escrito de seu próprio punho. Mesmo assim, ele provocou um imenso impacto. Num tempo em que seus compatriotas russos ainda estavam desorientados após terem sido conquistados pelos mongóis, ele estava preocupado em revitalizar a vida monástica e a sociedade em geral. Não que algo assim tivesse sido planejado. Aos vinte e poucos anos, Sergius decidiu que a reclusão seria necessária para a vida de orações que ele havia escolhido. Ele não teria de ir longe, pois as florestas vizinhas a Radonezh lhe proporcionariam o sossego e lá ele se instalou com seu irmão Stephen. Eles construíram acomodações e uma despretensiosa capela ("Santíssima Trindade").

Os anos de formação de Sergius estavam para ser vividos em total isolamento, pois seu irmão logo partiu. Numa biografia do século XV, descreveram sua luta contra poderes demoníacos, alguns dos quais aparecem em vestes ocidentais (Lituanas). Companhia mais adequada foi a de um urso, com quem ele dividiu suas minguadas migalhas de pão. Estes poucos anos deram a Sergius a sobriedade, a humildade e a discrição, que o distinguiram na vida pública.

E a vida pública estava para ser imposta a ele. Indivíduos juntavam-se ao seu redor no isolamento, dando início a uma comunidade pouco organizada que duraria 15 anos. Sergius foi persuadido a ser seu abade e padre, embora estivesse relutante. E não era um capricho seu. Em seguida, ofereceram a ele um posto hierarquicamente mais alto na igreja russa e, declinando, ele perguntou sem rodeios: "A mim, que sou um pecador e o pior dos homens?"

Sua humildade era determinante em sua aparência. Ao ver Sergius todo esfarrapado trabalhando nos jardins, um visitante disse: "Eu vim para ver um profeta e você me apresenta um camponês."

Sua integridade também era avaliada em todo canto. Um bispo bizantino escreveu: "Eu ouvi falar de você e de suas virtudes." Em seguida, veio uma carta do próprio patriarca, que comentou suas realizações espirituais, mas também mencionou "que faltava uma coisa": Sergius não poderia estabelecer regras para a convivência dos monges? Aquilo significava retornar às normas bizantinas, e em 1363 Sergius aceitou a proposta, para a qual ele deveria ter sido preparado. A maioria dos monastérios da Rússia iria seguir seu exemplo. Não menos do que 35 novas instituições foram fundadas por seguidores do santo.

A reforma não foi aceita de bom grado por todos os monges. O patriarca iria repreender severamente qualquer um que fizesse críticas, e um desses foi o irmão de Sergius, que havia se juntado à comunidade mais uma vez. Quando escutou suas reclamações, Sergius simplesmente partiu para algum lugar e teria ficado por lá para sempre não fosse pela intervenção do bispo.

A reforma de Sergius centralizava todos os fundos e investimentos monásticos. Uma vez que o monastério recebia colaborações isentas de taxas graças às leis mongóis, ele era impelido a oferecer ajuda a qualquer um em necessidade. "Nunca esquecer de cuidar dos estranhos" era um preceito que Sergius costumava citar sempre, até o dia de sua morte, em 1392.

Não foram somente líderes eclesiásticos que confiaram a ele uma função pública; a reputação de Sergius acabou por conduzi-lo, também, ao papel de diplomata apaziguador. Uma vez que suas ações como agente do sistema moscovita dificilmente seriam compatíveis com os padrões de uma vida santificada, elas foram omitidas de sua biografia. Outros trabalhos louvam sua atividade como a figura pública que teria abençoado o príncipe de Moscou em sua batalha contra a horda Mongol em 1380, embora esta informação não possa ser considerada absolutamente confiável. Em todo caso, reforça a imagem de santo patriota, ao menos a favor de Moscou.

No trato com o estado, ele nunca agia na instância profética. Quando havia concorrentes rivais à chefia da igreja russa, um dos candidatos sempre perguntava como Sergius podia ser neutro: "Como ele pode contentar-se com o silêncio vendo um posto sagrado sendo blasfemado?" Ainda assim, Sergius preferia o silêncio.

Seu entendimento acerca das novas correntes místicas que estavam penetrando na Rússia por intermédio da civilização bizantina é pobremente documentado. E, mesmo na superrefinada biografia de Sergius, ele pode ser visto como alguém que experimentava a luz da transfiguração de Cristo, alcançada num contexto eucarístico. Seus discípulos falavam de um anjo radiante celebrando junto a ele no altar, e acreditavam que Sergius recebia a visita da própria mãe de Deus, fato sem precedentes na vida russa.

É difícil fazer uma crônica sobre a vigília de Sergius e suas visões. O mais importante, entretanto, foram as intuições do monge Rublev, que pintava seus seguidores. Será que foi Rublev quem inventou a imagem do santo estrábico? Sem dúvida, foi ele quem pintou o ícone principal da nova Igreja da Santíssima Trindade, na qual as relíquias de Sergius estão preservadas. A beleza da imagem trinitária de Rublev, com seus três anjos, desafiou a imaginação do mundo. E ela poderia muito bem ter atraído Sergius por seu equilíbrio, graça e reverência.

■

O arcebispo Sergei Hackel, da igreja ortodoxa russa (patriarcado de Moscou), é editor do noticiário religioso nas cerimônias russas da BBC.

Julian de Norwich
(c. 1342-c. 1420)

por Sheila Upjohn

Quando T. S. Eliot citou Julian de Norwich na obra *The Four Quartets*, em 1944, "e tudo vai ficar bem, e de todas as maneiras tudo vai acabar bem", poucas pessoas sabiam de onde estas palavras haviam surgido. Hoje, Julian é a mais conhecida entre as religiosas inglesas do século XIV. *Enfolded in Love*, a pequena antologia de passagens de seu livro, já vendeu mais de cem mil cópias mundo afora e foi traduzida para várias línguas, incluindo o japonês e o coreano. Julian se dizia "uma mulher iletrada", que em 8 de maio de 1373 teve uma visão que durou muitas horas, na qual Cristo aparecia e falava com ela. Passou o resto de sua vida reclusa num pequeno cômodo ligado à igreja de St. Julian, em Norwich, onde meditava sobre o que havia visto, e escrevia seu livro — o primeiro na Inglaterra, escrito por uma mulher. Por que ele ainda nos fala tão vividamente?

Talvez, parte do motivo seja o fato de que — ao contrário do trabalho de seus contemporâneos famosos — a obra de Julian quase não fosse conhecida na época, e por isso não foi objeto de censura da igreja. O longo texto sobrevive em apenas três manuscritos, nenhum deles de sua época — e todos eles copiados muito tempo depois que a invenção da imprensa já havia tornado todo esse trabalho desnecessário. Dois deles contêm esta advertência do escriba: "Eu rezo ao Deus todo Poderoso para que este livro não venha a cair nas mãos daqueles que desejam ser seus fiéis seguidores nem daqueles que vão se submeter à fé da igreja sagrada..." Existe apenas um manuscrito contemporâneo de Julian, que é o primeiro rascunho do livro. Ele desapareceu por séculos e só foi descoberto por ocasião da venda da biblioteca de Lord Amherst, em 1909.

Eu acredito que somente poucas cópias do livro de Julian foram feitas e passadas adiante secretamente, entre amigos de confiança. E, embora Julian se defina sempre como uma leal filha da "igreja sagrada", o fato é que o Cristo que apareceu e falou com ela mostrou muitas coisas que parecem contradizer os ensinamentos da igreja. Ela escreveu:

> Agora, durante todo este tempo, do começo ao fim, eu tenho dois tipos diferentes de entendimentos. Um, é do amor contínuo e sem fim, que é certeza segura e alegre da salvação — pois foi esta a mensagem de todas as aparições. O outro,

veio do dia-a-dia ensinando sobre a santa igreja, na qual eu mesma fui ensinada e iniciei, e que entendi e pratiquei com todo o meu coração. E isto não pode ser tirado de mim, pois eu não virei as costas nem me afastei disto em nenhum momento das aparições. Fui, porém, instruída a amar e ser feliz fazendo isto, de forma que com a ajuda e graça de Nosso Senhor eu posso crescer e florescer através disto para adquirir maior conhecimento divino e mais entendimento.

É justamente esta inspiração que nos comove até hoje.

Em Deus não há ódio, como eu vi... Ele olha para seus servos com pena, e não com culpa... Não há inferno, além do pecado, para uma alma que é verdadeira para com a sua natureza... Assim como ele não pára de nos amar por causa de nossos pecados, ele diz que não devemos parar de amar a nós mesmos e a nossos companheiros cristãos... Tão certo quanto Deus é nosso Pai, também é certo que Ele é nossa Mãe... Deus mostrou que o pecado não deve ser uma vergonha para os homens, e sim uma glória.

Tudo isso pode ser encarado como boa teologia no século XX — mas era, certamente, pura heresia no século XIV.

Se o livro de Julian tivesse se tornado oficialmente conhecido pela igreja em seu tempo, nada teria restado dele — e nem dela. Ela poderia ter sido queimada numa fogueira e o livro, jogado no fogo junto a ela. Então, por que o livro de Julian fala a tanta gente ainda hoje? Eu acredito que isto ocorre porque nós estamos prontos para ele; porque nos seiscentos anos que se passaram desde aquele dia em 1373, quando o Cristo surgiu e falou com ela, nós começamos a compreender que Deus não está procurando motivos para nos jogar no fogo do inferno, mas que ele nos ama e se preocupa conosco; e que, apesar do pecado: "Tudo vai ficar bem, de todas as maneiras, tudo vai acabar bem."

∎

Sheila Upjohn é autora de In Search of Julian of Norwich *e* Why Julian Now?

Catarina de Siena
(1347-1380)

por Tina Beattie

Catarina de Siena é uma santa estranha e desconcertante. Cristo disse a ela numa visão: "...você é aquela que não é... eu sou aquele que é...", mas ela foi uma mulher com muita força de vontade, que falou em seu próprio nome com autoridade. Obediência foi o alicerce de sua espiritualidade, mas ela desafiou a autoridade de seus pais e provocou os líderes da igreja. Ela praticou um ascetismo extremo, mas expressou seu amor por Cristo em numerosas metáforas de personificação. Suas experiências místicas parecem bizarras, mas sua teologia é produto de uma mente altamente racional.

Catarina nasceu em Siena, em 1347, a mais nova de 25 filhos. Aos seis anos de idade, ela teve uma visão de Cristo em glória que a inspirou a fazer um voto de castidade, para desgosto de seus pais. Aos 16, ela juntou-se a uma ordem dominicana leiga, devotando sua vida aos pobres e moribundos. Ela gozava de uma reputação de sabedoria espiritual que atraiu um círculo de seguidores e deu-lhe acesso a algumas das pessoas mais importantes de seu tempo. Acredita-se que ela ajudou a persuadir o papa Gregório XI a retornar com a corte papal de Avignon para Roma, e que ela defendeu o papa Urbano VI na época do grande cisma, quando um papado rival estabeleceu-se em Avignon. Catarina morreu em 1380, angustiada com o estado incerto da igreja e em grande tormento físico, depois de meses de fome auto-infligida. Foi diplomada doutora da igreja em 1970. Seu amigo e confessor, Raimundo de Capua, escreveu *Life of Catarine of Siena* depois de sua morte, mas o *Dialogue*, ditado por ela, e as centenas de cartas atribuídas a ela, permitiram uma compreensão melhor de suas idéias.

A essência da espiritualidade de Catarina é o conhecimento de si mesma e de Deus. O processo de autoconhecimento constitui um exame sem hesitação dos meios sutis pelos quais o amor por si mesmo impede a união da alma com Cristo. Catarina tinha uma audaciosa confiança na natureza humana, e descobrir-se a si própria significava reparação e liberdade, alcançadas por meio de orações e autodisciplina. Nossa ânsia por Deus origina-se no amor de Deus pela humanidade feita à sua imagem, e pelo batismo nós experimentamos um retorno libertador para Deus. Os que acreditam no batismo estão sempre livres para não pecar, uma vez que Catarina via o pecado como uma negação. "Pecado" ela dizia, "não é nada." Como Lutero, Catarina reconhece que só somos salvos pela fé. Nossos atos são motivo de orgulho, e o orgulho é o maior risco para nossas almas. Deus disse a Catarina que o único pecado imperdoável é o da alma, e que no fim ele considera que "seu arrependimento é mais importante do que meu perdão".

Catarina representa o amor unificador entre Deus e a alma, numa imagem eucarística vívida. Algumas vezes, ela se dirige a Deus com reverência e, em outras, com uma familiaridade quase inoportuna. "Oh, louco adorado!", ela exclama em um momento. Embora use uma linguagem conjugal, ela descreve Cristo, mais como uma figura maternal, que nutre, do que como um amante com sexualidade. Ela é tão invejavelmente livre de ansiedade sobre gênero que inibe a imaginação cristã moderna. Raimundo de Capua teve uma visão de Catarina na forma de um homem barbado. Ela contou a ele que, embora quando criança tivesse pensado em caracterizar-se como homem, Deus disse a ela que a havia enviado como mulher para envergonhar homens imorais.

Para Catarina, assim como para modernos teólogos da libertação, a vida cristã requer solidariedade para com os pobres, e ela se protegia contra a riqueza do clero. Ela sustenta que a união com Deus só pode se expressar por meio do amor ao próximo. Deus disse a ela: "...todo pecado contra mim é praticado por intermédio do próximo... Se a alma me ama, ela ama seu próximo". Entretanto, seu radicalismo social é sempre temperado com pragmatismo. Atenuando as ansiedades de um homem rico e casado, ela declara que o casamento é um agrado a Deus e o incita a usar sua riqueza para o bem dos outros. Esta capacidade, tanto para o pragmatismo quanto para o extremismo, é manifesta, também, em sua postura em relação ao corpo. Enquanto Catarina castiga seu corpo em prol de sua alma racional, ela também descreve o corpo como a companhia da alma e espera a sua ressurreição, quando então, "a alma beatificará o corpo".

Catarina foi uma mulher de gênio, sem *status* ou educação, que ousou dizer a verdade aos poderosos. Em carta ao papa Gregório XI, ela escreveu que, caso ele não fosse exercer sua autoridade, "seria melhor renunciar". Muito do que ouvimos sobre ela é repulsivo às idéias modernas. Sua retórica articulada sobre pecado, sua imolação, seu apoio às Cruzadas. Ainda assim, Catarina nos mostra a essência da teologia mística Católica. Os místicos não são seres humanos perfeitos. Eles são aquelas almas raras que foram transformadas pelo "fogo do desejo sagrado". Nós não devemos tentar imitá-los, mas permitir que eles acendam dentro de nós aquele mesmo fogo que trouxe cada um de nós à imagem perfeita de nós mesmos em Cristo, e nos fez divinos.

■

Tina Beattie é escritora e faz conferências sobre teologia. Ela tem interesse especial em assuntos relacionados a mulheres, e ministra cursos sobre misticismo feminino.

Thomas à Kempis
(c. 1380-1471)

por Melanie McDonagh

No pequeno romance de André Gide, *Strait Is the Gate*, a heroína protestante, Alissa, mostra sua determinação em virar as costas para o mundo e para seu amado, abandonando Pascal e os belos escritores, e dedicando-se à literatura de devoção. Ela restringiu-se apenas a dois livros: a Bíblia e *Imitation of Christ*. Neles, os títulos não precisavam ser explicados.

Imitation of Christ vem tendo um apelo extraordinário e universal. Escrito no início do século XV por um religioso, para religiosos, ele foi lido avidamente por protestantes e católicos, e houve épocas em que ele só foi superado em popularidade pela Bíblia. Ele fala sobre a espiritualidade de Calvino e sobre os *Exercícios espirituais* de Inácio de Loyola, e era lido diariamente por Pio XII.

Em nossos dias, ele é muito menos admirado e não é difícil adivinhar por quê. A abnegação pessoal, o desprezo pelo mundo, a insistência na propensão pessoal para o pecado são lugares-comuns na vida cristã, mas vão contra a semente da espiritualidade contemporânea. Um amigo frade, de formação conservadora, tentou ler *Imitation* na quaresma, mas desistiu. Ele não podia suportar o desrespeito do autor pela erudição.

Esse pequeno livro ainda tem o poder de comover um leitor moderno. Como padre Ronald Knox (que lê um capítulo todo dia) escreveu no *The Tablet*: "Se alguém te disser que é fã de *Imitation*, suspeite dele imediatamente; ou ele é um falastrão ou um santo." No meu caso não é uma coisa nem outra. Nunca li o capítulo "sobre falatório desnecessário" sem corar de vergonha. Mas em *Imitation* a prática da virtude cristã é apenas um meio para se atingir um fim — a união com Cristo, o amado, que é consumada na eucaristia. E sobre o autor? Nem pergunte. As controvérsias sobre esse tema duraram cinco séculos, e este trabalho deliberadamente anônimo foi atribuído aparentemente a não menos do que 365 escritores, entre os quais os mais sérios candidatos são Thomas à Kempis, Gerard Groote e Jean Gerson de Canabaco.

Thomas é o autor mais provável. Ele nasceu em 1380 em Kempen, perto de Colônia, na Alemanha. Saiu de casa aos 13 anos para juntar-se ao irmão John, um seguidor do notável Gerard Groote, na Comunidade da Vida Simples, em Deventer, nordeste de Arnhem. Era uma sociedade quase monástica cujos membros viviam juntos na pobreza, na castidade e na obediência, produzindo seu próprio sustento. Como Thomas escreveu mais tarde: "Eles tinham um só coração e uma só mente em Deus... o que cada um possuía era de todos, ficavam satisfeitos com a comida e a roupa simples e não pensavam no dia seguinte."

Thomas passou sete anos com o sucessor de Gerard, Florentius, a quem ele amava profundamente. Em 1399, ele se juntou a uma nova instituição em Monte Santa Agnes e foi ordenado aos 33 anos. Ali ele passou a maior parte de sua vida, até morrer de hidropisia em 1471. Seus restos só foram removidos dali dois séculos mais tarde. Provavelmente é dessa época a assustadora história de que marcas de arranhões foram encontradas na parte de dentro da tampa de seu caixão — um toque de Edgar Allan Poe que não vale a pena ser investigado.

A vida de Thomas foi modesta — ele nasceu para ser secretário, como esta crônica do monastério comprova:

> Ele passou a limpo nossas Bíblias e vários outros livros... Além disso, ele escreveu vários pequenos tratados em estilo fácil e simples, para a instrução dos jovens, que na realidade são trabalhos bons e importantes, tanto em doutrina quanto em eficácia da bondade. Ele tinha uma devoção especial pela Paixão de Nosso Senhor, e sabia perfeitamente como confortar aqueles que estavam em aflição por conta de provações e tentações.

Alguns dos irmãos mantinham um diário espiritual, e *Imitation* já foi considerado uma edição de Thomas para os diários de Gerard Groote. É mais correto dizer que *Imitation* é um produto da devoção de uma comunidade, que tinha como essência a imitação de Cristo, o modelo de humildade. O antiintelectualismo da obra encontra eco na breve biografia de Thomas escrita pelo cozinheiro do monastério, John Cacabus, que comenta em certo ponto: "Poderíamos muito bem encontrar estes escritos no Evangelho, 'abençoados são os pobres de espírito'... mas, onde quer que achemos isto escrito desta forma, 'abençoados serão os mestres das artes'."

O livro é fruto daquela extraordinária espiritualidade que associamos ao *Devotio Moderna*, movimento de renovação originário dos países baixos, que enfatiza a vida espiritual interior de cada indivíduo. *Imitation of Christ* não foi a única inspiração de Thomas, mas trouxe para este campo da devoção medieval uma notável contribuição em conselhos práticos, assim como uma franca insistência em devoção interior ao martírio. Em termos modernos, *Imitation* é distintamente centralizado em Cristo, por isso seu apelo tanto para protestantes quanto para católicos. O compromisso de Thomas com outros escritores, inclusive com Agostinho e Bernardo de Clairvaux, é óbvio. Sua voz mistura-se com as deles numa filosofia que combina misticismo ocasional, realismo estimulante e grande ternura: "Senhor, em que posso confiar nesta vida?", o aprendiz pergunta ao ídolo. "Eu preferiria ser pobre por você a ser rico sem você. Eu preferiria vagar pelo mundo com você ao meu lado, a possuir o paraíso e não ter você; mas paraíso é onde você está, e onde você não existe é a morte, e o inferno."

■

Melanie McDonagh é uma jornalista que mora em Londres e faz doutorado em Cambridge.

Fra Angelico
(c. 1400-1455)

por Michael Adams

É difícil encontrar em toda história da pintura européia um trabalho que exceda em beleza, habilidade técnica e simplicidade a obra *Anunciação* de Fra Angelico, situada no caminho que leva às celas dos frades em São Marco, Florença. A pintura revela-se quando você alcança o topo das escadas, e nela você sente tanto a intensidade do momento quanto a relutância da jovem virgem em aceitar tão grande responsabilidade. Ela parece tão inocente, tão vulnerável; é como se estivesse suplicando ao anjo que encontrasse outra pessoa, alguém mais apto a lidar com uma ordem tão sem precedentes. E é somente quando você digere a mensagem da pintura e seu significado que sua atenção se volta para o seu *design* aparentemente simples, para o perfeito balanço da composição e para a harmonia do esquema de cores. A virgem com uma veste azul escura e Gabriel com um conjunto todo rosa, contrastando com a rusticidade da pedra nas paredes e colunas. Só então, quem sabe, você apreciará com que habilidade o artista representou a graciosa arcada, cujas colunas e arcos aparecem aos poucos em segundo plano, de forma a dar profundidade e uma impressão de espaço íntimo ao desenho. Como composição ela é irretocável, tanto satisfazendo aos olhos quanto estimulando a imaginação. A obra é atemporal, também, pois, embora as idéias que a estimularam derivem da Idade Média, a técnica é moderna e magistral.

Ninguém jamais falou mal de Fra Angelico. Vivendo e trabalhando a maior parte de sua vida em Florença, numa época em que os artistas eram gênios da estatura de Donatello, Ghiberti e Brunelleschi, ele não demonstrou inclinação para se engajar nas rivalidades que estimulavam a cena artística do início do século XV. E, apesar de seu grande talento, ele não provocou a inveja de outros. Em parte porque, como pintor, ele se limitou quase inteiramente aos motivos religiosos, que era o suporte tradicional dos artistas florentinos, para quem ele legou o que um crítico chamou de "sua marca própria e original de sinceridade pura e insuperável". Mas, talvez mais do que tudo, a causa tenha sido sua cativante personalidade, "tão humilde e modesto", nas palavras de Vasari. Ele nos conta que Fra Angelico declinou do convite do papa para o arcebispado de Florença, alegando que nunca se sentiria capaz, simples como era no trato com os outros.

Antes de ingressar na ordem Dominicana ele estudou arte, especializando-se na confecção de iluminuras em manuscritos, e era familiarizado com as inovações estilísticas que vinham sendo introduzidas por Masaccio e outros, naquele momento de transição entre a Idade Média e a Renascença. Mesmo alguns de seus mais característicos trabalhos nas igrejas e conventos de Florença mostram, por exemplo, seu perfeito conhecimento de perspectiva, que tanto encantou artistas contemporâneos, como Paolo Uccello.

Nascido Giovanni di Fiesole, entre 1387 e 1400, não se sabe ao certo quando, ou por quem, ele foi pela primeira vez chamado de Angelico; talvez uma referência à facilidade, à familiaridade e à graça com que ele retratou os anjos em tantas de suas pinturas. "Beato" também parece refletir a avaliação de seus colegas, tanto no Convento de São Marco quanto na comunidade artística de Florença. Ruskin fez-lhe um elogio equivocado ao dizer que Fra Angelico "não era um artista propriamente dito, mas um santo inspirado", e não é difícil entender o que ele quis dizer.

Ruskin, no entanto, ouso dizer, estava errado. A santidade de Fra Angelico era parte, e uma grande parte, de sua personalidade como artista; mas para aproveitar isto foi necessário se ater com convicção (ou, quem sabe, simplesmente com uma compreensão instintiva) aos aspectos técnicos de seu ofício, que ele expressava na pureza das linhas, sem exageros na composição e com um exuberante senso de cores que qualquer artista, de qualquer época, deveria invejar.

Irônico é o fato de que o Grande Convento de São Marco adquirido para os dominicanos por Cosimo de Medice em

1436, reconstruído por Michelozzo, e depois decorado com reverência por Fra Angelico, tornou-se, no fim do século, a base de poder do reformador dominicano Savonarola, cujas idéias eram completamente diversas das idéias do pintor. Os dois foram igualmente instados a dar prioridade absoluta ao trabalho de Deus, mas, enquanto a fé de Savonarola requeria dele e de toda comunidade a mais severa austeridade, a abordagem de Fra Angelico era completamente diferente. Sua fé o ajudava a não virar as costas para o mundo. Como São Francisco, com quem ele tanto se assemelhava, ele abria as portas para o mundo e alegrava-se com as flores, com o canto dos pássaros e com todas as graças da natureza, pois, sem dúvida Deus estava no céu e, por isso, tudo ficaria bem no mundo. É esta convicção, esta feliz confiança, que explica por que o trabalho de Fra Angelico, com sua simplicidade luminosa, fala direto aos nossos corações.

■

Michael Adams é correspondente do jornal Guardian, *e tem um interesse especial na renascença italiana.*

Martinho Lutero
(1483-1546)

por David Yeago

Martinho Lutero leva o crédito pela criação da "moderna liberdade individual". É um ponto de vista sustentado pela cena mais comentada da vida de Lutero. Conta a lenda que na Assembléia Imperial de Worms, em 1521, um solitário monge chocou a igreja e o império ao pronunciar palavras provocadoras, que o indivíduo livre da era moderna jamais tinha ouvido.

Um olhar mais atento complicaria este quadro. O Lutero de Worms provavelmente não disse as palavras que todos conhecem: "Aqui estou, não posso fazer diferente!" O que ele realmente disse sugere uma considerável ambigüidade em sua relação com a liberdade moderna: "A menos que eu seja convencido pelas testemunhas das escrituras ou pela razão pura... minha consciência é prisioneira da palavra de Deus." É grande a ironia. Lutero é festejado por emancipar o indivíduo livre da era moderna, e aquele texto simboliza uma situação em que ele se declara publicamente como... um prisioneiro. Tais ironias, entretanto, marcam seu contínuo desafio espiritual.

Martinho Lutero era um jovem professor, em uma remota universidade, quando uma iniciativa pastoral ainda tímida bateu em sua porta e alterou, irrevogavelmente, o curso da história cristã. Preocupado com o crescente comércio de indulgências, na véspera do dia de Todos os Santos em 1517, Lutero enviou a seu arcebispo um conjunto de teses sobre crítica teológica. Se ele as pregou na porta da igreja, não se tem certeza; caso tenha feito, isto não terá sido um gesto de rebelião, mas um convite ao debate acadêmico. As críticas de Lutero, no entanto, tocaram num ponto nevrálgico da igreja contemporânea e provocaram uma crise que se alastrou rapidamente pela Europa, complementada por acusações de heresia e de assassinatos em fogueiras.

No início de 1521, o papa Leão X havia excomungado Lutero, e este, em resposta, havia concluído que o papado era o profetizado anticristo — o "homem da ilegalidade" que "pegou um assento no templo de Deus, declarando ser o próprio Deus" (2 Thess 2:4). Nenhuma das controvertidas idéias teológicas de Lutero teve maior impacto do que suas teses apocalípticas, que também serviram de pano de fundo ao seu selvagem anti-semitismo, inquestionavelmente, seu mais triste legado. Com seu dramático ataque ao papado, Lutero ajudou a moldar a cultura protestante, fortemente marcada pela descoberta traumática de que instituições falham e autoridades traem. Nisso Lutero foi, sem dúvida alguma, um desavisado criador da "moderna liberdade individual".

Por fim, Lutero foi um constrangido patrono das pretensões modernas acerca do ser e da liberdade. Suas palavras em Worms atingem o cerne do problema, pois ser cativo das palavras de Deus era, para ele, "ser livre". Sua intimidade com o imperador não era baseada em seus próprios recursos pessoais, mas na influência de Deus sobre sua consciência através da palavra. Liberdade não tem origem num poder criado no íntimo do ser, mas numa autoridade libertadora vinda de fora do ser.

De fato, se tivéssemos de resumir em duas palavras o legado espiritual de Lutero, nós poderíamos muito bem ignorar o óbvio "somente fé" em favor do "*extra nos*" — ou, "o que transcende o ser". O caminho para a vida sempre leva ao exterior do ser. Melhor dizendo, o verdadeiro "eu" não é o ego, ou o que conhecemos por introspecção, mas sim o monte de medos, desejos e posturas por meio dos quais você se apresenta. O verdadeiro ser é o ser em Cristo, o ser conferido por nosso eu exterior ao escutar as palavras de Deus. Tanto é, que Lutero explica em Gálata 2:20: "Paulo, como pessoa isolada, não é nada perante a lei de Deus, mas como uma pessoa de Cristo, ou que tem Cristo em seu interior, ele vive a vida de outro, porque Cristo fala, age e executa todas as ações do outro através dele." Esta teoria criou uma tensão entre Lutero e outros espiritualizados que davam como certo um "ser interior nuclear", que procura revelar seu potencial de dentro para fora.

Logo, Lutero é original ao afirmar que a "exterioridade" freqüenta seus pensamentos. Somos salvos pela presença de Cristo pela palavra "corporificada" ou "exteriorizada", e dos sacramentos, celebrados nas igrejas locais; a "exteriorização" da veneração dos cristãos fornece um alimento concreto para a saída "de dentro de nós mesmos" para Cristo. Lutero sabia bem que as igrejas locais eram, na maioria, muito pouco atraentes; ele acreditava que Deus havia ocultado sua graça lá, para que somente os pobres, e não os seres orgulhosos, pudessem encontrá-la.

Além disso, a fé, para Lutero, era por si só uma relação corpórea com Cristo. Pela fé "seremos com Cristo um só corpo e sangue que não poderemos separar, de forma que sua matéria está em nós e nossa matéria está Nele, e sua essência também habita em nós...". Esta teoria da união de nossos corpos com o Cristo crucificado está presente em sua doutrina do significado espiritual da vocação profana, muito mais do que qualquer desejo de "ratificar a realidade existente".

As últimas palavras que Lutero colocou num papel foram: "Nós somos miseráveis. Esta é a verdade." Seu testemunho categórico sobre a pobreza humana e sobre a exuberância da graça divina, escondida na mais ordinária das igrejas e envolvendo corpo e alma na entrega a Deus, não é o conselho espiritual que nós, ricos cristãos do hemisfério norte, estávamos buscando no início do terceiro milênio. Mas é uma palavra duradoura que ainda estará ressoando quando soluções menos eficazes começarem a falhar.

■

David Yeago é professor de Teologia Sistemática de Michael C. Peeler, no Seminário sulista de teologia luterana, em Columbia, Carolina do Sul.

Erasmo de Rotterdam
(c. 1467-1536)

por James McConica

Parece inacreditável que um grupo de cristãos de diferentes credos tenha posto Erasmo numa lista não muito extensa de figuras espirituais influentes do milênio. Mas é verdade. Embora sua paixão pela paz o conecte aos outros, Erasmo era conhecido como um intelectual pernicioso que deu como maior contribuição para a fé, a impressão do Novo Testamento em grego — considerada, no entanto, obsoleta, em face dos avanços nas revisões bíblicas. Por outro lado, ele é mais lembrado como autor de sátiras, e *Elogio à loucura* foi seu único trabalho que perdurou, mesmo depois que os assuntos de que tratava já haviam sido esquecidos.

Na verdade, ele foi um espírito em luta, tão profundamente comprometido e impulsionado pela paixão intelectual, que circulava em áreas em que abundavam os vorazes predadores teológicos. Nascido ilegítimo (por volta de 1467), foi ordenado cônego em Austin e vivia sua vida entre universidades e gráficas. No entanto, Erasmo nunca encontrou uma família espiritual, exceto na comunidade internacional de estudiosos, que tinha como objetivo, assim como ele, reviver a piedade cristã restaurando as fontes de fé e simplificando a vida devota. Entre esses amigos Thomas More foi um aliado íntimo.

A chave para a vocação cristã estava no Novo Testamento, onde (ele insistia) aquele que acredita aprenderá "a conhecer Cristo e celebrar sua glória". Mas ele sabia, tão bem quanto qualquer um, que as escrituras podiam ser uma armadilha para os desavisados. Logo, era vital que elas fossem autênticas e idôneas, que pudessem ser explicadas aos iletrados, e que fossem lidas pelos estudiosos com a compreensão da língua original e do universo no qual elas haviam surgido. Para assegurar isto, ele fez extensos comentários de originais eruditos em texto padrão Vulgata*, escreveu uma nova tradução latina da Bíblia levando em conta seus comentários da Vulgata, e escreveu as *Paráfrases*** para guiar os leitores leigos que encontraram em sua tradução um caminho para as igrejas das paróquias inglesas do período Tudor.

Todos os livros são reféns da sorte. O texto grego do Novo Testamento foi publicado pela primeira vez pela Froben, em

---

*Texto vulgarmente aceito.
**Texto que não altera o significado da primeira versão. (*N. da T.*)

1516, como uma ementa de última hora dirigida aos poucos que puderam tirar proveito dela copiando os comentários críticos de Erasmo. A edição saiu imperfeita, porém tornou-se famosa imediatamente. Usada por Lutero para sua celebrada tradução, esta miscelânea, abençoada por três séculos, caiu nas graças do ensino bíblico protestante, até o advento da censura no século XIX. Enquanto isto, sua versão latina atualizada e elegante foi substituída, em todo canto, por Bíblias escritas na língua vernácula. Os frutos de seu estudo textual, embebido nos comentários, foram absorvidos, anonimamente — como grande parte de seus trabalhos educacionais e literários — no fluxo geral da cultura cristã.

Também foi absorvida sua enorme produção de textos pastorais e espirituais, assuntos tão importantes para Erasmo quanto a divulgação das Escrituras, das quais seus textos eram um suplemento. Dois textos são proeminentes: o *Paracleto*, sua exortação ao estudo da Bíblia, e o *Enchiridion militis Christiani* — ou o guia do militante cristão. No original ele argumenta que a palavra de Deus "nos transmite a imagem viva de sua mente santificada e o próprio Cristo pregando, salvando e morrendo". O *Enchiridion* era um guia para a vida cristã como era vivida no mundo: com forte ênfase nos ensinamentos de Paulo e defendendo, em vez de ideais monásticos, uma vida bem orientada na comunidade e direcionada para a renovação da sistemática cristã. Ainda, com sua forte propensão à teologia mística, o *Enchiridion* serviu como um estímulo ao renascimento da meditação na Espanha do século XVI. Ele queria ver as antigas devoções às relíquias, peregrinações, os rituais de penitência e outras beatices conhecidas, suplantadas por preocupações efetivas com caridade, justiça, harmonia social e o bem-estar de todos. Seu ideal sempre proclamado — "a filosofia de Cristo" — era fazer da cidade um monastério, onde uma dominante aspiração à santidade fosse o objetivo de todos os batizados, e não somente dos religiosos profissionais. Ele foi o grande profeta da vocação leiga antes de Lutero, mas, ao contrário de Lutero, insistiu na subordinação do julgamento individual à consciência da comunidade. Seu código de fé, sua unanimidade entre os fiéis de todas as idades, tornaram inevitáveis suas eventuais divergências com Lutero. E, por fim, a inabalável disposição de Lutero em dividir o reino cristão, com base em suas convicções pessoais, levou Erasmo a uma contenda pública.

Sua recusa em se unir mesmo aos contestadores mais ortodoxos o levou ao banimento por protestantes radicais da Basiléia, e ao isolamento em uma comunidade Católica, a qual ele, teimosamente, aderiu. Morreu na Basiléia em 1536. Bem ou mal, seu laicismo, sua insistência na igualdade da vocação entre todos os batizados, na unificação do reino cristão, na ordem episcopal e no papel essencial do ofício papal, fizeram-no proeminente entre todas as figuras fundamentais do Cristianismo moderno, como o precursor do Segundo Concílio do Vaticano.

■

James McConica, presidente do Instituto Pontifício para Estudos Medievais, é membro do concílio internacional, responsável pela nova edição crítica das obras completas de Erasmo.

João Calvino
(1509-1564)

por David Fergusson

Além de líder reformista e de um teólogo decididamente influente, Calvino se mantém como uma figura ambivalente e enigmática. Em parte, isto se deve à falta de informações detalhadas sobre sua juventude e por uma recusa determinada em atrair atenção para sua própria vida. Ele difere profundamente de Lutero, tanto a seu temperamento quanto por suas experiências de vida. Evitando a extensa retórica dos grandes reformadores alemães, Calvino utiliza os tons mais amenos do humanismo renascentista, aliados a uma convicção teológica de que a glória de Deus está, acima de tudo, contrária ao tema dos pregadores e sábios cristãos.

Qualquer avaliação sincera da grandeza de Calvino terá de superar os termos desdenhosos lançados contra ele (o termo *calvinista* na cultura escocesa é freqüentemente utilizado para algo considerado preconceituoso, opressivo e autoritário). Mais notoriedade tem sua doutrina da "dupla predestinação", que ensina que Deus, desde o princípio, vem elegendo alguns para a salvação e predestina o resto à danação perpétua. Embora Calvino tenha defendido isto com uma "consistência despreocupada", segundo a descrição de um crítico, ele sabia estar expondo uma crença que Agostinho, Aquino e outros já haviam ensinado. De qualquer forma, ela nunca se tornou o princípio fundamental de sua teologia.

São inúmeras as declarações de que ele defendia governos teocráticos e exercia uma autoridade opressiva em Genebra. Ele manteve firmemente a divisão entre as esferas de autoridade profana e espiritual, e vivia em crise com as autoridades judiciárias da cidade. Sua cumplicidade na execução do herético Michael Servetus, embora inteiramente repreensível, não foi tão extraordinária no contexto daqueles tempos bárbaros. E as acusações de que ele depreciava o mundo das artes e humanidades devem ser consideradas em conjunto com seus próprios ensinamentos humanistas, com as contribuições para a língua francesa de seu livro *Fundamentos da religião cristã* (uma primeira edição foi publicada em latim em 1536, seguida de uma tradução francesa em 1541) e do florescimento da educação, da escolaridade e da cultura, em países onde houve grande influência da Reforma.

Nascido no norte da França em 1509, Calvino estudou filologia clássica e direito. Exilado na Suíça por ser simpatizante do movimento reformador, ele foi recrutado para servir à igreja em Genebra. A cidade, conseqüentemente, tornou-se seu lar adotivo, e a partir de 1541 ele assumiu um papel de liderança, tanto na igreja quanto na sociedade de lá.

Para muitos historiadores modernos a Genebra de Calvino representa um modelo rígido e monocromático de sociedade, que não abre espaço para um pluralismo moral ou religioso. E seu entendimento acerca da existência social dedicada à honra de Deus teve importantes conseqüências políticas e econômicas. Foi descrito como a transferência da santidade para o governo. De acordo com o original estudo do economista alemão Max Weber, *A ética protestante e o espírito das leis* (1904), a insistência calvinista por uma vida mais regular, mais simples e laboriosa, tornou-se um fator determinante no desenvolvimento econômico da Europa moderna. E a polêmica acerca da liberdade da Igreja para tratar de seus próprios problemas e da propensão para o pecado de cada indivíduo forneceu um poderoso incentivo a uma situação política de controle e balanços. Hoje, igrejas de tradição congregacionalista e presbiteriana continuam atraídas por seu modelo conciliador de governo eclesiástico.

Detalhes da vida pessoal de Calvino são esparsos. Ele casou com Idelette de Bure em 1540. Seu único filho morreu logo após o nascimento, e, após a morte de sua esposa, em 1549, Calvino tornou-se responsável pela criação de duas crianças de um casamento anterior de sua mulher. Ele próprio era vítima de problemas crônicos de saúde. Na velhice, ele faz referência a uma experiência similar à conversão, que acontecera cerca de trinta anos antes. Em seus últimos meses de vida, ele documenta sua doença com cuidado meticuloso, fornecendo, entretanto, poucas dicas sobre sua condição espiritual ou emocional. Seu enterro, numa sepultura simples, sem lápide, sela uma vida recatada.

A carreira de Calvino foi marcada por uma surpreendente produção literária. Edições sucessivas de seus *Institutos* foram lançadas, culminando na edição final de 1559. É o texto clássico da teologia reformista, embora ele não deva obscurecer o grande número de comentários e sermões que Calvino deixou.

A soberania de Deus é o tema dominante de sua teologia, ainda que a todo tempo ele esteja conjugado com a noção da adaptação divina. A glória de Deus é revelada não somente pela transcendência divina, mas por seu movimento para alcançar a condição humana. Isto é demonstrado, mais que tudo, na vinda de Cristo como homem e como complementação, na dádiva da Bíblia, da igreja, de seus ministros e de seus sacramentos.

Muito esforço foi feito para articular uma doutrina da presença real de Cristo nos elementos eucarísticos, sem contar as críticas de que Calvino subestimava os sacramentos. Sua preocupação constante com a ordem eclesiástica reflete em parte seu receio de uma tendência religiosa anárquica, mas também decorre de um senso constante de disciplina, cuidado e apoio maternal por parte da igreja. Com sua exposição das tendências reformistas e católicas, a teologia de Calvino permanece como um recurso ecumênico vital nos dias atuais.

■

David Fergusson, ministro da igreja da Escócia, é professor de teologia sistemática na Universidade de Aberdeen, no mesmo país.

Inácio de Loyola
(1491-1556)

por Michael Paul Gallagher

Houve várias propostas para fazer um filme sobre Santo Inácio de Loyola. Eu sugeriria começar a história em 1550, ano do Jubileu, com uma vista do horizonte de Roma depois do pôr-do-sol. Nós veríamos o contorno da nova catedral de São Pedro sem o domo, mas com a cúpula de Michelangelo sendo construída. Gradualmente a câmera focaliza uma janela iluminada de um pequeno prédio. Olhando o céu, está um homem calvo, de seus cinqüenta e poucos anos. Por trás dele, podem-se divisar papéis escritos com uma elegante caligrafia. Quando a câmera chega mais perto, notamos que ele está chorando baixinho, e se o ator for suficientemente bom saberemos que eram lágrimas de felicidade. Olhando as estrelas, Inácio está subjugado pela glória de Deus. Os papéis por trás dele são seu primeiro esboço para o regulamento de sua ordem, a Sociedade de Jesus, que já conta dez anos. Ao lado, está a primeira edição de seus *Exercícios espirituais*, publicada em 1548.

Em 1521, quando teve sua perna quebrada em batalha e experimentou uma dramática conversão durante a convalescença em Loyola, ele não imaginava permanecer tantos anos em Roma. Inácio veio dos países Bascos e passou sua juventude como cortesão, e soldado em meio expediente. Depois de sua conversão, ele passou a se ver como um peregrino pobre, um leigo vivendo de esmolas e dando conselhos espirituais a qualquer um que quisesse ouvi-lo. Arranjou, no entanto, problemas com a inquisição espanhola, por conta de sua falta de conhecimentos teológicos. Então, aos 33 anos de idade, ele voltou aos estudos ("para ajudar almas"), aprendendo latim com as crianças. Seus estudos continuaram até os 44. Nesse estágio, ele já tinha vários seguidores na Universidade de Paris, e foi pessoalmente responsável por guiá-los através de um mês de orações. Planejavam ir juntos a Jerusalém, mas quando viram a impossibilidade da jornada ofereceram seus serviços ao Papa Paulo III, em Roma (fazendo, eventualmente, um quarto e especial voto de obediência ao papa "para trabalhos missionários"). Assim surgiram os Jesuítas, em meio a uma série de coincidências e da obstinação de um cortesão transformado em pensador, cuja energia apostólica o levou a trabalhar tanto com príncipes, quanto com prostitutas.

Começar o filme daquela maneira seria uma tentação para ir além na equivocada imagem de Inácio como um soldado severo, que usou a ordem de "atacar tropas" para combater a Reforma. Seu diário revela um outro lado, simbolizado por seu pranto (que acontecia tão freqüentemente durante a missa que prejudicava sua visão). A caligrafia elegante distinguia um homem cortês e reverente, qualidades que marcavam seu relacionamento com Deus como trindade. O regulamento da ordenação, sobre o qual ele rezou por anos, é único em enfatizar a flexibilidade priorizando ministros de fronteira de diferentes tipos. Seus ministros personificavam uma abordagem não monástica para a vida religiosa e, desta forma, tiveram uma influência crucial nas futuras congregações religiosas "apostólicas". A novidade dessa abordagem, sem dúvida, deu aos jesuítas uma estampa mais individualista que a de outras famílias religiosas.

Entretanto, o grande legado de Inácio de Loyola consiste em seu *Spiritual Exercises*, que mais parece um manual de instruções para um organizador de retiros do que um texto de leitura. Eu lembro meu desapontamento quando — ainda estudante universitário leigo — peguei emprestado o pequeno livro numa biblioteca. Parecia tão eloqüente quanto um manual de trânsito. Mas, como para várias outras pessoas no decorrer dos séculos, ele se tornou vivo anos mais tarde, quando fiz um retiro de trinta dias. Inácio contou com sua própria experiência espiritual para desenvolver meditações elevadas para uma sucessão de graças — verdade, contrição, sabedoria discipular, liberdade para o serviço de Cristo. Deste modo, os *Exercícios* guiam um retirado à "sabedoria interior do Senhor", por meio do ensino de orações.

Apesar de ser considerado uma pessoa rígida, a autêntica espiritualidade inaciana é marcada por sua típica preferência pela flexibilidade. É uma espiritualidade de discernimento nas escolhas, tanto no dia-a-dia quanto ao longo da vida. Seu conselho é que procuremos "o que quer que seja mais útil e vantajoso", e ele diz aos diretores de retiros que saiam do caminho de Deus! Que permitam, em suas surpreendentes palavras, "que o Criador lide diretamente com a criatura". Existe aqui uma crença fundamental de que os "movimentos" da alma são reconhecíveis nas experiências de todos.

Antigas histórias sempre falam dos colégios jesuítas como outra grande herança de Inácio. Eles não faziam parte de seu plano original de um clero altamente flexível. Entretanto, após 1548, quando se convenceu da importância do trabalho educacional, as escolas proliferaram e desenvolveram novos modos de formação humanística, encorajando, por exemplo, a poesia e as elaboradas encenações teatrais. Os historiadores também ressaltam o caráter produtivo das missões jesuítas, espalhadas da Índia ao Paraguai — expansão iniciada na época de Inácio. Eles deveriam mencionar também a época em que os jesuítas perderam suas raízes e tornaram-se inflexíveis e elitistas.

Quais são as marcas mais características da tradição de Inácio? Profundidade e praticidade em conjunto. Ordem e adaptabilidade. Meditação e criatividade. Relembrando o místico na sacada, eu penso em Inácio como superficialmente controlado, interiormente emotivo e, humanamente, um amável cortesão. Ele acolheu a história numa época de enormes mudanças — o início da modernidade — e abarcou as mudanças como um templo do espírito.

■

Michael Paul Gallagher, um padre jesuíta, é professor de Teologia Fundamental na Gregorian University, em Roma. Ele mora na casa onde Inácio viveu a maior parte de sua estada em Roma.

Thomas More
(1477-1535)

por Lucy Beckett

A maioria dos santos leigos não alcançou notoriedade. Thomas More levou uma vida manifestamente pública por mais de trinta anos e esta publicidade acabou se tornando a principal razão de seu terrível fim. Sua santidade foi algo sossegado e particular, conhecido do mundo somente na ocasião de sua morte. "Quantas almas tem aquele machado infeliz que cortou a cabeça de More?", Erasmo escreveu.

More cresceu numa Inglaterra parcialmente destruída pela Guerra das Rosas — que terminou por balançar o triunfo dos Tudor — mas que ainda possuía bastante estabilidade e tradição para dar suporte a um menino talentoso de oito anos, cujo pai era um respeitado juiz londrino. Ele estudou nas melhores escolas de gramática da cidade, foi pajem do cardeal Morton aos 12 anos, foi aluno dos monges beneditinos em Oxford, e aos 18 anos terminou seus estudos no Inns of Court, vivendo por quatro anos no London Charterhouse e freqüentando a missa e o divino ofício com os monges. Depois de toda essa formação nas antigas instituições da igreja, aos 22 ele tomou a surpreendente decisão de se casar. Surpreendente, porque esta formação deu a ele, sob muitos pontos de vista, uma alma de monge, e surpreendente devido à qualidade intelectual de seus amigos — Erasmo, Colet, Linacre, Grocyn — que eram quase sacerdotes.

Como advogado, o primeiro leigo a ser nomeado Lorde Chanceler, More ficou famoso na Europa pela irrepreensível integridade de seus julgamentos e de seu discernimento. Ficou quase tão famoso como estudioso dos clássicos. Sua obra *Utopia*, escrita em latim para um público cosmopolita, foi um *jeu d'espirit* inspirada na *República* de Platão, obra praticamente desconhecida na época, exceto para um pequeno grupo capaz de ler grego. A obra parecia recomendar um comunismo utilitário, dependente do trabalho escravo e de soldados mercenários. Não se ouve falar de Cristianismo em *Utopia*, mas a fria uniformidade de valores de seus cidadãos e suas vidas reprimidas são como um aviso atemporal freqüentemente não observado.

Uma boa razão para se ler o livro com certa cautela é que em *Utopia* ninguém fica doente ou morre ou se alimenta ou cuida dos filhos. Jane Colt, a primeira esposa de More, morreu deixando-o com quatro crianças pequenas. Ele logo se casou novamente com uma viúva autoritária, Dame Alice, que já tinha um filho. O pai de More e alguns jovens protegidos também moravam em sua casa. Ele vivia cercado por esta grande e afetuosa família, retratada em desenhos maravilhosos por Holbein e conhecida por sua atmosfera alegre e pacífica de piedade e erudição.

As meninas eram educadas como o filho de More, e toda a família assistia à missa e rezava diariamente, enquanto ele passava todo tempo que podia sozinho em sua sala de estudos. Usava uma camisa de crina de cavalo sob um roupão de veludo, e levava uma vida quase monástica para um homem casado. Aprisionado na Torre, ele não ficou infeliz por estar, enfim, em uma cela tradicional. Como disse a sua filha: "Eu não procuro uma razão. Eu agradeço a Deus, Meg, por me considerar pior aqui do que em minha própria casa. Para mim Deus colocou-me em seu colo e me dá carinho."

Entre *Utopia* (1516) e a morte de More, Lutero sacudiu a cristandade latina. Protestantes, excomungados e pessoas condenadas à fogueira por More começaram a aparecer na Inglaterra. Henrique VIII revoga, por meio de uma série de atos parlamentares, a antiga autoridade do papa e se declara "mestre supremo da igreja na Inglaterra", para poder se casar com Ana Bolena e legitimar seu herdeiro. Aquilo era uma demonstração de supremacia que More se recusou a aceitar, juntamente com John Fisher e os cartusianos* que foram martirizados poucas semanas antes dele.

A dificuldade de sua família em entender sua oposição ao rei foi provavelmente o mais difícil de suportar durante seus

---

*Membros da ordem religiosa denominada Cartuxa. (*N. da T*)

meses de prisão. Em 1º de julho de 1535, More foi condenado como traidor, com evidências de perjúrio, sob a Lei de Traição de 1534, por "tentativa de destituir o rei de seu título de Mestre Supremo da Igreja". Isto com certeza ele não fez, mas o rei interpretou corretamente seu resoluto silêncio: foi por causa de seu entendimento acerca do que o rei havia feito que ele se preparou para morrer, e por causa desse entendimento ele foi morto. "Um bom servo do rei, mas primeiramente de Deus", era o que ele dizia em seu cadafalso. Ele morreu despreocupado, não com a liberdade de consciência, como muitos disseram, mas com a unidade da igreja. Nas últimas semanas, ele escreveu um ensaio em latim: "Na tristeza de Cristo". Depois da frase "...e eles colocaram suas mãos sobre Jesus", ele largou sua pena e partiu de sua cela para a guilhotina.

A execução foi uma batalha ganha para Henrique VIII, mas uma importante guerra perdida, tanto para ele quanto para seu sucessor. A morte de More, logo comparada pelo Cardeal Pole à morte de Sócrates, foi uma inspiração para os dissidentes por mais de um século e tem assombrado a memória da Inglaterra desde então.

■

Lucy Beckett é autora de The Time Before You Die: A Novel of the Reformation, *romance histórico sobre a dinastia Tudor.*

Teresa de Ávila
(1515-1582)

por Shirley du Boulay

Teresa de Ávila foi uma mulher talentosa e extraordinária que alcançaria uma boa pontuação em uma competição para escolher o santo favorito da maioria das pessoas. Seus talentos eram tão variados que é difícil descobrir o que a tornou tão célebre. Seria ela lembrada, principalmente, como uma reformadora da vida monástica; como uma especialista em teologia; como uma extraordinária autora de livros — incluindo *The Interior Castle* — ou como uma pessoa que experimentou e demonstrou em detalhes claros o cenário místico? Ela foi uma mulher cativante e de caráter forte — astuta, prática e determinada — que passou sua vida adulta como freira, na Espanha turbulenta do século

XVI. Em 1517, ela tinha apenas dois anos de idade quando Martinho Lutero fez seu famoso ataque às indulgências e, embora ela não entendesse muita coisa sobre os ideais da Reforma, pôde mais tarde formar uma opinião concreta sobre o assunto. Para ela tudo estava completamente errado. Ela devia estar, no entanto, muito bem informada sobre o movimento da contra-reforma iniciado no Concílio de Trento.

Embora fosse ilustre por ter nascido nobre, vinda de uma antiga família espanhola, soube-se recentemente que tinha alguma origem judaica. A época era de acirrado anti-semitismo e o medo de não ter *limpieza de sangre*, ou "sangue puro", só rivalizava com o medo das atividades da Inquisição.

Ordenou-se carmelita ingressando no Convento da Encarnação em Ávila, em 1536, quando ainda contava 21 anos, e seu lugar na história das carmelitas ficou assegurado, pois as Carmelitas Descalças a consideravam sua fundadora. Depois de alguns anos no convento, ela chegou à conclusão de que a vida lá era muito fácil e de que o regulamento das carmelitas não era observado em seu rigor primitivo. Nas duas décadas seguintes, apesar da forte oposição e das enormes dificuldades práticas, sem mencionar a saúde frágil que a perseguiu na maior parte da vida, ela fundou 17 conventos reformados, de Burgos, no norte da Espanha, a Granada, no sul.

Por muitos anos, Teresa viveu num turbilhão de aridez espiritual e dúvidas. Então, aos quarenta e poucos anos ela foi atingida por ondas de graças místicas — visões, arrebatamentos, vozes. Foi ajudada por seu amigo João da Cruz, a quem ela chamava "o pai de minha alma" e cuja fria objetividade abrandava suas preocupações com seu estado. Essas experiências extraordinárias, juntamente com seu talento como escritora, capacitaram-na a registrar sua vida de orações e os estágios entre a calma meditação superficial e a união em êxtase, com uma clareza e visão nunca superadas. Ela era tão admirada como escritora e teóloga que cerca de noventa traduções foram feitas de seus trabalhos completos e, em 1969, ela foi proclamada doutora da igreja.

Ela possuía o dom da simplicidade e usava a imagem diária de forma surpreendente. Gostava da metáfora da água. Falava analogamente que quando seu jardim estivesse plantado — ou seja, quando sua vida de orações estivesse iniciada — as plantas precisariam de carinho e cuidados. Isto podia ser feito de quatro maneiras, ela dizia. Havia o modo mais trabalhoso, extraindo a água da nascente, e o modo mais fácil, com uma roda d'água e baldes. O jardineiro será aliviado de sua carga, se um córrego passar pelo jardim, mas o ideal seria a chuva, fonte natural da água, que não requer nenhum trabalho por parte do jardineiro. Então, "não haveria nenhum sentimento além do júbilo; nada que explicasse o porquê de a alma estar em júbilo". A união mais completa não requer comunicação. A vida espiritual tem que ver com nosso relacionamento com Deus, e isto, mais que tudo, era o que Teresa propagava. Provavelmente é uma lenda a história de Teresa repreendendo Deus por seu modo de tratar seus seguidores, dizendo rispidamente: "Não me admira que você tenha tão poucos." No entanto, esta lenda captura a essência de seu relacionamento com Ele, que foi de amizade. Amizade e comunhão com Deus são possíveis, ela afirmava, e "esta amizade não é remota; é mais certa e íntima do que jamais existiu entre irmãos ou mesmo entre mãe e filho". Ela descreve a oração interior como "uma relação amigável e uma conversa freqüente e solitária com aquele que nós sabemos que nos ama". Ela vivia em contínua conversação com Deus e ele a repreendia, transmitia-lhe confiança e palavras de atenção que pareciam complementar suas visões, como, por exemplo: "Agora você é minha e eu sou teu."

Suas realizações, especialmente para uma mulher na Espanha do século XVI, foram extraordinárias. A elevação espiritual alcançada por ela foi rara e sublime. Embora capaz de fazer mal e ser invejosa, conhecendo o desapontamento e a depressão, ela revelou o potencial de pessoas comuns, provando que a fragilidade humana e a santidade podem conviver. Ela também mostrou que mesmo a mais profunda experiência de meditação não é incompatível com uma vida de ocupações e afazeres práticos. Apesar de ter vivido há mais de quatrocentos anos, podemos nos reportar a ela como se estivesse viva hoje. Ela foi, como dizem, "extraordinariamente comum".

∎

Shirley du Boulay é biógrafa de Teresa de Ávila.

João da Cruz
(1542-1591)

por Rowan Williams

Depois que alguém é classificado na categoria de "místico", torna-se difícil vê-lo novamente como uma pessoa de carne e osso. João da Cruz certamente passou por isso. Sua extraordinária poesia é tão concentrada no lirismo que costuma dar a impressão de um homem completamente consumido por um fogo interior. Sua prosa enrolada, repetitiva e ocasionalmente invadida por uma paixão turbulenta, mostra uma face humana, mas nos conta pouco sobre o conflito íntimo que a delineou. Algumas anedotas nos dizem mais. A cena de natal em que João, pensando não estar sendo notado, pega o menino Jesus de madeira na manjedoura e dança com ele em seus braços; ou quando levou seus noviços para meditar no campo e insistiu em que cada um andasse sozinho na natureza que os cercava, para poder olhar para Deus com mais sinceridade. Mas a história de sua vida dá uma dimensão profunda e pessoal a tudo isto. Pensando sobre estes episódios você poderá dizer: sim, eu vejo que esta imagem e estas idéias confusas estão ancoradas em uma pessoa de carne e osso.

Ao contrário de Teresa de Ávila, sua companhia espiritual mais freqüente por muitos anos, a origem de João era de pobreza e esforço. Ele perdeu seu pai muito cedo e a família ficou desamparada. Já adolescente, ajudou a sustentá-los (sem muito sucesso) com trabalhos manuais. O mais próximo que chegou de um trabalho estável foi como auxiliar de enfermagem e serviçal em um hospital em Medina, para pacientes com sífilis e câncer em estágio avançado. Mas, com a ajuda de um patrão abastado, ele conseguiu completar os estudos nas horas vagas. Seu coração já estava destinado à vida monástica e, em 1563, aos 21 anos, ele fez os votos na instituição das carmelitas, em Medina, adotando o nome de Mathias. Estudou na Universidade de Salamanca e foi ordenado em 1567.

Nessa época, a ordem das carmelitas estava sofrendo transformações por causa do movimento reformador de Teresa de Ávila, e João recebeu com entusiasmo o chamado para uma maior pobreza e simplicidade (ele havia pensado inicialmente em juntar-se aos cartusianos). Em 1568, ele e mais dois frades selaram seu compromisso com o grupo convertido da ordem, e instituíram a primeira casa masculina dos convertidos, em Duruelo. Seguiram-se várias outras fundações, e durante um período de cinco anos (1572-1577) João foi o confessor do convento de Teresa em Ávila. Sua influência no desenvolvimento da velha senhora foi imensa e pode ser claramente traçada nas diferenças entre a autobiografia de Teresa jovem e a obra-prima de sua maturidade, *The Interior Castle*. No entanto, sentimentos de discórdia se intensificaram entre os dois ramos da ordenação, e em 1577 João foi seqüestrado por representantes dos praticantes da não-conversão e aprisionado por nove meses em Toledo.

Seu tratamento foi apavorante — degradação física e constante pressão mental. Ele sofreu o que chamamos atualmente de abuso psicológico. Seus amigos ignoravam seu paradeiro. E foi durante esse período que ele compôs muitos de seus grandes poemas sobre perversidade, libertação e sobre o toque de liberdade absoluta experimentado no meio da noite. Ele escapou em agosto de 1578, na noite da festa de assunção de Nossa Senhora.

Sua infame experiência ajudou a unir forças para as propostas de uma separação formal e efetiva entre as duas partes da ordem, e durante alguns anos a vida de João foi aparentemente tranqüila. Por volta de 1580, ele já havia escrito a maior parte de seus trabalhos em prosa e mais poesia. Os tratados em prosa são, na maioria, tentativas de interpretação das poesias, mantendo, entretanto, um conteúdo poético estranho, exaltado e intensamente perturbador. Nessa época, ele começou a amadurecer seu pensamento teológico principal descrito no *The Ascent of Mount Carmel*. Ele defende que, na busca pela luz de Deus, toda idolatria e expectativa em relação a Deus são desfeitas por ação do próprio Deus, levando a um estado de confusão interior, quase horror, a "noite escura do espírito", que deve ser diagnosticada e tratada com grande sensibilidade por confessores e guias. Ao fim de sua vida, em 1591, ele experimentou novamente os sinais externos de perda e humilhação, sendo destituído de suas responsabilidades na ordem e abandonado por muitos dos antigos amigos. Morreu em dezembro de 1591.

O impacto de João em seus trabalhos é doloroso, inesquecível e decisivo. Poucos escritores cristãos descreveram tão claramente o significado de permitir que Deus *seja* Deus em nossas orações, e como isto acarreta para nós um total sacrifício e uma total transformação. E é desta forma que eu preciso abandonar minhas fantasias sobre Deus, para que Ele se torne real para mim. Se Jesus morreu de forma perversa, devemos esperar que as coisas sejam mais fáceis para nós? Sua morte, entretanto, foi o momento supremo da união do poder e da vontade de Deus.

A visão cristã de João não é exatamente aquela da virtude absoluta no sentido usual. Ela tem mais significado nos exatos locais onde surgiram, aqueles lugares extremos que em nossa época são bem familiares.

■

Rowan Williams é o arcebispo de Wales.

Mary Ward
(1585-1645)

por Lavinia Byrne

Mary Ward nasceu em Yorkshire, em 1585. Eram tempos difíceis para os dissidentes da comunidade católica a que ela pertencia. Sua família abrigou em casa dois dos envolvidos na Conspiração da Pólvora, os irmãos Wright, irmãos de sua mãe. Mary tinha a intenção de, por meio do casamento, assegurar o futuro de algumas dinastias católicas célebres e dar origem a uma nova geração de pequenos mártires.

Achava, porém, que "alguma outra coisa" estava sendo preparada para ela. O chamado veio quando ela já tinha cruzado o canal em direção a Flanders, para perseguir uma vocação até então oculta e tornar-se uma Clara Pobre, única opção na época para mulheres católicas devotas. A cidade de Saint Omers estava agitada com a presença dos ingleses no exílio; havia religiosos de todas as nuances e matizes e entre eles os jesuítas, que logo influenciaram Mary Ward com seu carisma. Era um modo de vida que poderia facilitar sua jornada para a liberdade. Mais importante do que a insistência familiar por um bom casamento; além das demandas da igreja acerca da clausura. Ali estava a possibilidade de se libertar dos dois jugos emocionais auto-infligidos que tanto perturbavam a psique feminina. Como ela pôde constatar: "O medo vão e o amor excessivo são como veneno para o sexo feminino."

Ela tinha mais coisas para dizer sobre as mulheres. Em 1616, por exemplo, ela fez um discurso bombástico para a crescente comunidade de mulheres que se juntava ao redor dela. Logo, um comentário desfavorável foi transmitido a ela por Thomas Sackville, vindo de Roma. "É verdade", ele disse, "elas estão realmente entusiasmadas, mas quando o fervor diminuir e tudo já tiver sido dito e feito, elas não serão nada além de mulheres." Mary Ward disse a seus seguidores: "Eu gostaria de saber o que vocês acham que ele quis dizer com 'nada além de mulheres' e o que significa 'fervor', para ele." E continuou: "Não há tanta diferença entre homens e mulheres que não permita às mulheres fazer coisas extraordinárias. E tenho fé em Deus que veremos as mulheres fazendo mais ainda."

Quais são então as coisas extraordinárias que Mary Ward esperava de sua primeira companhia? O desejo de servir a Deus em êxtase e liberdade; a habilidade para valorizar a verdade; um espírito apostólico. Além de abrir escolas para meninas na Europa, elas pretendiam retornar aos campos de missão na Inglaterra, pois lá havia muitas famílias dispostas a abrigar aqueles que transmitiam ativamente a palavra de Deus. Muitos lares em que ela e suas irmãs poderiam aplicar os Exercícios Espirituais de Inácio de Loyola a devotos leigos, longe do olhar atento do público. Elas corriam menos perigo do que os padres missionários — embora o arcebispo de Canterbury tenha dito que ela era "pior do que sete jesuítas". Louvado seja, pois, infelizmente, nem toda oposição veio de fonte tão amigável.

Como muitos pioneiros, ela sabia que a clareza de suas visões a colocava em risco. Sua sabedoria estava em descompasso com aquela que prevalecia na Europa após o Concílio de Trento. E ela queria algo bem simples: fim do cerco; autoridade para uma mulher influente do povo, de acordo com a Constituição da Sociedade de Jesus, e liberdade completa para recitar em coro o Divino Ofício. Cada uma de tais demandas soava como um ato de provocação a uma igreja sitiada pelos pós-reformistas. Seus amigos eram muitos, mas seus detratores eram poderosos. Eles eram os ouvidos de Roma e transmitiam suas preocupações sobre "as jovens galopantes" como Mary Ward e suas seguidoras eram chamadas. Seus oponentes diziam: "As senhoras inglesas sujeitam-se à autoridade de leigos. Elas são inúteis e faladeiras.

Nas reuniões, elas discursam sobre problemas espirituais, mesmo na presença de padres, e são treinadas como noviças para dar conselhos. Trabalham como padres na conversão da Inglaterra. Elas querem ser religiosas, mas não monásticas."

Qual era o pior crime? Trabalhar "como padres" ou "errar pelas cidades e pelo país"? Nunca saberemos. Do que podemos ter certeza é que Mary Ward perseguiu sua complexa vocação apesar de todas as dificuldades. Se nós, em nosso próprio tempo, admitirmos a existência de mulheres religiosas apostólicas modernas, então Mary Ward e sua primeira companhia podem ser reconhecidas como pioneiras. As mulheres que seguiam uma estrela.

Ela morreu na obscuridade em 1645 e foi enterrada na igreja de Saint Thomas, em Osbaldwick, subúrbio de York, onde o vigário era "suficientemente honesto para ser subornado" e enterrar uma católica. Em sua tumba está escrito: "Para amar os pobres, perseverança na igualdade,/ Viver, crescer e morrer com eles,/ Foram os objetivos de Mary Ward." O que era aquela "igualdade" que ela perseguiu tão corajosamente? Isto foi interpretado de várias formas, assim como sua vida. A parte mais feliz é um *flashback* da visão que a colocou na estrada para a liberdade. Em 1611, Mary ouviu as palavras: "Tome o exemplo da Sociedade", e interpretou aquilo como uma indicação para que ela adotasse a Constituição dos Jesuítas e a espiritualidade dos *Exercícios Espirituais* de Inácio de Loyola.

Sem dúvida, Mary Ward é a primeira voz feminina do catolicismo moderno. Ela combateu e escreveu sobre coisas que ainda são pertinentes: o lugar das mulheres na igreja e na sociedade, a vida de fé, e nosso acesso à vontade divina. Seu espírito continua a galopar.

■

Lavinia Byrne faz conferências na Federação Teológica de Cambridge.

George Herbert
(1593-1633)

por Philip Sheldrake

Louvo o banquete da igreja, a era dos anjos,
O sopro de Deus no retorno do homem às suas origens,
A alma em paráfrase, o coração em peregrinação,
O tombo do cristão ressoando no céu e na terra;
O mecanismo contra o todo-poderoso é a proteção do pecador,
Ameaça invertida, o corpo de Cristo perfurado pela lança,
Os seis dias do mundo transpostos em uma hora,
Uma espécie de melodia; que todas as coisas ouvem e temem;
Ternura e paz, e alegria, e amor e êxtase,
Sublime Maná, o máximo prazer,
Céu dos ofícios divinos, homem bem vestido,
A via Láctea, a ave do paraíso,
Sinos tocam para além das estrelas, o sangue da alma,
A terra de graças; algo entendido.

"Prayer", de George Herbert, é um dos poemas mais conhecidos de sua coletânea, *The Temple*. Herbert é uma figura de liderança na literatura inglesa do século XVII, graças ao seu tratado em prosa *The Country Parson* e a sua poesia prolífica. Ele teve uma importante influência no surgimento de uma espiritualidade anglicana característica, juntamente com outros poetas do século XVII, como John Donne, Henry Vaughan e Thomas Traherne.

Herbert levou uma vida movimentada até estabelecer-se como padre de interior em Bemerton, subúrbio de Salisbury, até sua morte em 1633. Ele veio de uma das mais importantes famílias aristocráticas, foi orador público na Universidade de Cambridge e membro do Parlamento. Destinado, aparentemente, a uma brilhante carreira pública, sua decisão pela ordenação, em 1620, foi uma surpresa. A batalha interior de Herbert produziu trabalhos memoráveis, além de uma rica e profunda espiritualidade.

Muitos elementos da espiritualidade de Herbert foram lindamente resumidos no poema "Prayer". Uma sucessão de metáforas vai brotando para instigar o leitor além do exprimível. Herbert nos apresenta muitas imagens figuradas nas orações, embora nunca as *defina* claramente.

O poema começa com "o banquete da igreja". No cerne da espiritualidade de Herbert, encontra-se a vida na igreja e a oração litúrgica. A oração é também um alimento espiritual — tema aprofundado por outras metáforas no poema, como "Sublime Maná" e "Terra de graças". Estas aludem à eucaristia, e a impressão de Herbert acerca da eucarística é surpreendente em toda sua poesia. O banquete eucarístico do poema

"Love", por exemplo, teve um forte impacto em Simone Weil como meio para suas poderosas experiências místicas sobre a presença de Cristo.

"Prayer" também fala do "sangue da alma", a fonte de vida dentro de nós, e "a alma em paráfrase", nos empurrando para o nosso potencial máximo. "O sopro de Deus no retorno do homem a suas origens" sugere que a oração tem a capacidade de nos reconduzir ao primeiro momento de nossa criação, para ter com Deus um relacionamento semelhante à experiência do paraíso.

A sensibilidade implícita nas palavras sugere que rezar é certamente "ternura e paz, e alegria, e amor e êxtase". Alusões à sua batalha interior, entretanto, evita que o poema ignore as dolorosas complexidades da experiência humana. "Mecanismo contra o todo-poderoso" sugere que o suplicante está importunando a Deus. Nós debatemos com Deus e com nossos demônios interiores. Com seu senso de perseverança misturado ao esforço espiritual, Herbert faz eco com o Livro dos Salmos e admira a espiritualidade daquela antiga vida monástica reclusa, que era a sua favorita.

George Herbert entendeu que o coração humano, "coração em peregrinação", poderia ser radicalmente convertido por meio de orações. Passaríamos do temor à ira divina à compreensão da amorosa aceitação de nosso ser em Cristo por parte de Deus. A metáfora descritiva, "o corpo de Cristo perfurado pela lança" nos faz lembrar de outro poema, "The Bag". Nele, as feridas de Cristo transformam-se num espaço onde podemos depositar, com segurança, mensagens para Deus.

"Céu dos ofícios divinos", outra imagem poderosa de "Prayer", oferece uma rica visão de Deus no dia-a-dia que difere, entretanto, do comum. O mundano é transfigurado pelo esplendor da glória divina. Interessante ressaltar que o "habitual" na época de Herbert significava um menu de comida barata, ou o lugar da estalagem onde ela era servida, ou, ainda, as pessoas que comiam tal comida. Isto lembra outro poema, "Redemption", em que Deus, o "rico senhor", não era encontrado "em lugares sofisticados", mas "na alegria turbulenta dos esfarrapados", numa hospedaria de pessoas de reputação duvidosa, podia-se deparar com Ele.

O amor de Herbert por imagens musicais sempre aparece em sua poesia — "a oração é uma espécie de melodia". "Os seis dias do mundo transpostos em uma hora" sugere que a oração transporta o mundo para um diferente tom e desta forma nos harmoniza com uma outra realidade que está além das impressões superficiais. Por meio da oração também é possível ser transportado, com segurança, para outros domínios. "A era dos anjos", "a via Láctea", uma melodia "além das estrelas" sugerem que aquele que reza toca o infinito. Muitos consideram que Herbert foi um místico. Certamente, para ele, rezar nos leva a uma relação profunda, intensa e íntima com Deus.

E o poema termina com aquela frase indefinível: "algo entendido". Estas palavras finais nos deixam sem explicação. Elas deixam o final propositalmente em aberto. Na experiência da oração, só há o *quase* entendido. Ela é experimental e incompleta, mais do que conclusiva. A "compreensão" é disponível àqueles que se expõem aos riscos do amor. Este "quase" aprofunda nossos desejos e nos pressiona em direção à eternidade. Percebemos nas margens da consciência a esperança e a promessa de uma solução final, a insuperável visão e audição que os poemas de Herbert celebram.

■

Philip Sheldrake é diretor acadêmico do Sarum College e professor honorário da Universidade de Wales, Lampeter. Ele é autor de Love Took My Hand: The Spirituality of George Herbert.

Blaise Pascal
(1623-1662)

por Alain Woodrow

Blaise Pascal foi um filósofo, físico e gênio matemático. Entre os cristãos ele é reverenciado, sobretudo, por seus *Pensamentos*, fragmentos de uma apologia cristã publicada postumamente.

Como qualquer criança atualizada, Pascal estava entusiasmado com as novas descobertas que vinham sendo feitas no campo das ciências. Aos 12 anos, ele descobriu, sozinho, as primeiras 32 proposições de Euclides sobre geometria, e aos 16 ele tinha escrito um tratado de seções cônicas.

A família mudou-se, então, de Clermont em Auvergne, para Rouen, onde foi influenciada pelo Jansenismo, o austero movimento místico que estava arrebatando a inteligência francesa. A doutrina de Cornelius Jansen ensinava que era impossível o cumprimento dos mandamentos sem uma graça especial de Deus reservada para os eleitos. Uma vez que não podemos evitar a intervenção desta graça divina, os seres humanos seriam vítimas de determinismo, ou predestinação. Este pessimismo teológico fez crescer a austeridade e o rigor moral, e incitou o retorno às práticas disciplinares da igreja primitiva.

Assim aconteceu a "primeira conversão" de Blaise Pascal. Quando, porém, sua irmã Jacqueline decidiu entrar para o convento jansenista de Port-Royal, em Paris, ele foi contra. Relutante em renunciar ao mundo e à admiração de seus conhecidos, Pascal prosseguiu em seus experimentos científicos e continuou a gozar de sua eminente posição na sociedade parisiense.

Sua "conversão definitiva" aconteceu em 23 de novembro de 1654. Ele estava rezando sozinho em seu quarto, sob a luz de uma única vela, quando de repente o quarto se encheu de fogo. Não foi somente uma luz, mas fogo, como num incêndio, e queimou seu coração e sua alma, como ele contou depois. Ele viu Deus na forma de uma chama que o consumia com grande doçura. A visão durou duas horas, durante as quais Pascal derramou lágrimas de alegria. Quando terminou, ele pegou uma folha de pergaminho e escreveu febrilmente o registro de sua noite de êxtase. Começou assim: "Fogo. O Deus de Abraão, o Deus de Isaac, o Deus de Jacob, e não dos filósofos e dos homens das ciências. Certamente. Certamente. Sentimento de felicidade e paz. O Deus de Jesus Cristo... Alegria,

alegria, alegria, lágrimas de alegria." E então ele costurou este "memorial" ao forro de suas roupas, e carregou-o consigo até sua morte.

A partir de 1655, ele foi um visitante freqüente do Port-Royal-des-Champs no Vale de Chevreuse, onde os jansenistas convertidos e os simpatizantes iam meditar em reclusão. Em apoio à rigorosa moralidade jansenista, Pascal combateu seus oponentes, os jesuítas, discordando de sua abordagem casuística nas 18 *Lettres écrites à un Provincial*, publicadas anonimamente em 1656 e 1657.

Em 1656, um outro evento na vida religiosa de Pascal o levou a abandonar a polêmica pela apologia. Sua sobrinha, Marguerite Perier, sofria de uma fístula em um dos olhos e curou-se, milagrosamente, aplicando nele uma relíquia da Paixão de Cristo — o espinho sagrado da coroa de Cristo. Muito impressionado, Pascal decidiu devotar o resto de sua vida à apologia da religião Cristã, dirigindo-se aos indiferentes *libertinos* (livres pensadores) que, apesar de insensíveis a razões filosóficas, poderiam ser convencidos pela apresentação de fatos, pela consumação de profecias e pelo apelo ao coração.

Ainda assim, Pascal pensava como um matemático, tendo elaborado como trunfo seu conhecido pensamento. "Perder uma moeda de ouro tem poucas conseqüências, embora as pessoas movam céus e terra para encontrar um destes tesouros terrenos. Como eles encarariam a perda de um bem realmente precioso como sua alma imortal?" Em outras palavras, temos um interesse racional em agir como se Deus existisse, pois a beatitude do céu e a punição infinita do inferno — se contarmos com a probabilidade matemática, ainda que pequena, de sua existência — excedem qualquer compensação aqui na Terra.

Mas os *Pensamentos* não são lidos hoje em dia por sua força apologética e, sim, por seu estilo brilhante e, sobretudo, como um testemunho vivo da experiência pessoal de Pascal e de suas inspirações psicológicas. ("O homem não é nada além de um instrumento — mas ele é um instrumento que pensa."). Ele morreu antes de publicar seu grande trabalho, mas deixou milhares de fragmentos em notas escritas em pedaços de papel, sem observar uma seqüência, que foram coletadas e organizadas por seus amigos e publicadas postumamente, em 1670, oito anos depois de sua morte.

O trabalho de Pascal, inteiramente centrado na pessoa de Cristo como salvador e obsessivo com a situação trágica da humanidade, situava-se entre grandeza e miséria. ("O que somos nós no Universo? Nada, se comparados ao infinito. Tudo, se comparados a nada. Ficamos entre o nada e o tudo.") A angústia de Pascal é evidente — "*le silence éternel de ces espaces infinis m'effraie*" ("o silêncio eterno do espaço infinito me aterroriza").

Somente a fé poderia libertá-lo de sua dramática situação, uma vez que a existência humana é resumida em uma escolha crucial: o posicionamento a favor ou contra Deus. Uma escolha que parte do coração e não da razão, pois "*le coeur a ses raisons que la raison ne connaît point*" ("o coração tem razões que a própria razão desconhece"). O Deus de Pascal não é o Deus da filosofia ou da ciência, mas "*un Dieu sensible au coeur*" ("um Deus que fala ao coração").

■

Alain Woodrow foi, por vinte anos, o correspondente para assuntos religiosos do jornal francês Le Monde.

John Bunyan
(1628-1688)

por N. H. Keeble

O peregrino, em dois volumes, de John Bunyan, é o trabalho mais popular sobre teologia cristã, já publicado. Nenhum outro trabalho de orientação cristã, de nenhum gênero, em nenhuma época, teve um público leitor tão numeroso. Isto é o mais extraordinário, se considerarmos que o autor não gozou de uma boa educação, de experiência cultural ou de posição social.

Ele nasceu em Elstow, Bedfordshire, em 1628, filho de um funileiro (e filósofo) cuja tradição ele seguiu. Ele previne os leitores de um de seus livros que eles "têm de entender... Eu nunca fui à escola para estudar Aristóteles ou Platão, mas cresci na casa de meu pai, em condições muito precárias, entre pobres camponeses". Mesmo alardeando abertamente sua ignorância, Bunyan foi desafiadoramente declarado como uma força, o que poderia estar escondendo uma fraqueza. No espírito de São Paulo, em I Coríntios 2, ele atribui sua capacidade de pregar e sua autoridade pastoral não à sabedoria humana, mas a uma inspiração divina e experiência da graça. Numa expressão simples Bunyan declarou que "prego o que eu senti, o que eu profundamente sofri, mesmo que em minha pobre alma eu tenha suspirado e tremido assombrado". Urgência e convicção pessoal também são características presentes em tudo o que ele escreveu.

A convicção cristã de Bunyan foi adquirida de forma complicada. Em 1644, ele foi convocado para a guarda do parlamento e designado para a tropa de Newport Pagnell. O contato com os puritanos radicais nos dois anos seguintes foi parcialmente responsável pelo período subseqüente de intensa introspecção e crise espiritual, relatado mais tarde na clássica autobiografia *Grace Abounding to the Chief of Sinners*, de 1666. Bunyan deve ter julgado seus pecados de forma mais rígida do que nós tenderíamos a julgá-los, mas não há questionamentos sobre a honestidade confessional com a qual ele registra a agonia emocional e espiritual de sua luta para alcançar a convicção da fé salvadora.

O alívio surgiu para ele em grande parte graças à sabedoria pastoral de John Gifford e do apoio da congregação independente Bedford, que era administrada por Gifford. Logo após juntar-se a essa igreja, em 1654, Bunyan começou a ganhar uma sólida reputação como pregador. Seguindo o movimento de Restauração de Charles II em 1660, Bunyan foi uma das vozes do puritanismo que o regime restaurado quis rapidamente calar. Ele foi preso no outono de 1660 e, recusando-se a dar garantias de que desistiria da pregação, ele foi mantido prisioneiro por 12 anos, embora podendo, eventualmente, movimentar-se com liberdade. Incapaz de pregar com palavras faladas Bunyan resolveu escrever. Seus muitos livros escritos na prisão incluem *Grace Abounding* e *O peregrino* (publicado em 1678, com uma segunda parte em 1684). Ele também se manteve em contato com a congregação Bedford e em janeiro de 1672, pouco antes de sua libertação ocorrida em março, foi escolhido para ser seu pastor.

Ao todo Bunyan publicou sessenta livros, mas o que mais o identifica é *O peregrino*. As fortes metáforas dessa parábola ele tirou da interpretação das palavras de Abraão aos Hebreus 11:13-16 (eles "admitiram que eram estrangeiros e peregrinos na Terra", procurando por "uma terra melhor, que é sagrada").

Esta idéia da jornada para a salvação tem sido usada por muitos escritores cristãos, mas Bunyan a desenvolveu com um acurado e atento realismo, tanto psicológico quanto circunstancial. Nós viajamos por uma estrada do século XVII, lamacenta e mal sinalizada, sobre a Colina das Dificuldades, através do Pântano do Desespero e do Vale das Humilhações. Expostos a condições de tempo inclementes, constrangidos com a visão de esqueletos de criminosos pendurados em forcas à margem da estrada, apreensivos com os salteadores, gratos pelo refúgio em alguma estalagem ou casa aberta a viajantes. E, andando por essa estrada, nós encontramos pessoas comuns, com preocupações comuns.

É o compromisso de Bunyan com a verdadeira experiência humana que dá a esta alegoria sua autenticidade inconfundível. Nós reconhecemos o orgulhoso Sr. Sabedoria Mundana, a temerária Srta. Ignorância, o esforçado Sr. Receoso, assim como as peculiaridades e extravagâncias de todos os outros peregrinos, apresentados sempre numa prosa direta e coloquial que tem o tom de uma simples conversação. Nela reconhecemos também as dificuldades dos próprios cristãos. A teologia de Bunyan era fatalista e Calvinista, mas seu empirismo é incerto, sem a segurança metafísica que seus trabalhos registram. *O peregrino* pode ser o documento que Bunyan deixou para os cristãos declarando suas convicções, mas o resultado de sua jornada dificilmente será uma conclusão óbvia de seu ponto de vista. Ele é constantemente assaltado por perigos externos e tentações, além de seus próprios medos e dúvidas recorrentes acerca da firmeza de sua fé.

O grande trunfo de Bunyan é apresentar um modelo sagrado de vida, verossímil e alcançável. Em razão de sua compreensão de que a fé é inextricavelmente ligada às imperfeições da decadente natureza humana, é que sua descrição de Christian e de sua mulher Christiana encoraja todo aquele que acredita mas que vive perturbado com a idéia de sua inadequação. Seu objetivo é fazer de seu leitor um viajante a caminho da Cidade Celestial, que se mantém aberta a todo aquele que tem fé, mas é inacessível devido à aridez deste mundo — com suas vicissitudes, incertezas e complexidades morais — até que todas as trombetas soem do outro lado. Este é o desafio do livro assim como sua certeza.

∎

Professor Keeble é o chefe do departamento de estudos ingleses na Universidade de Stirling, e tem vários trabalhos publicados sobre Bunyan e sobre os escritos puritanos do século XVII.

George Fox
(1624-1691)

por R. Melvin Keiser

Fundador da Sociedade dos Amigos — ou Quakers, assim chamados porque tremiam ante a palavra de Deus — George Fox foi um religioso e revolucionário social. Ele acreditava que a verdadeira presença de Cristo não seria encontrada num "campanário de igreja", e sim intimamente, no coração e na consciência de cada um, na "verdadeira luz que ilumina cada homem". Para ele, esta presença divina interior fala através da consciência para transformar o mundo, não só religiosa mas também social, política e economicamente. Sua espiritualidade, desta forma, combina meditação e ação.

Filho de pai tecelão e de uma mãe "com perfil de mártir", a princípio ele ganhava a vida trabalhando para um sapateiro. Aos 22 anos, no entanto, saiu de casa para vagar em busca de um significado espiritual que ele sentia que faltava no Puritanismo em que havia sido criado. Sua crítica aos puritanos era de que eles acreditavam que a probidade lhes foi imputada com a morte de Cristo na cruz, e não era algo inerente ao coração humano. Sobre sua época ele escreveu em seu diário: "Eu jejuei bastante e vaguei por muitos dias em lugares solitários, e sempre com minha Bíblia eu andei, e sentei nos buracos das árvores em locais afastados até anoitecer." Em 1647, durante a Guerra Civil, quando Oliver Cromwell espalhava um novo fervor religioso, ele chegou ao extremo desespero ao notar que não havia "nada no mundo exterior" que pudesse ajudá-lo.

E nesse estado de espírito ele teve um contato direto com Deus que lhe disse: "Existe alguém, como Jesus Cristo, que pode falar sobre sua situação." Ele "presenciou o amor infinito de Deus" superando a maldade do mundo, "um mar de trevas e morte", sendo dominado por "um oceano infinito de luz e amor, que se derramava sobre o oceano das trevas". Ele se encheu de alegria. Um ano depois, teve uma visão do retorno ao Jardim do Éden: "Agora, eu iria ascender em espírito, através de espadas flamejantes, ao paraíso de Deus. Tudo era novo, e todo o universo tinha para mim um outro sentido, diferente do anterior, maior do que as palavras poderiam exprimir."

Tais visões o levaram a uma vida de viagens constantes e pregações. A cada momento, segundo George, ele era guiado pela Luz Interior do Cristo Vivo. Ele cruzou a Inglaterra muitas vezes, aceitando a hospitalidade de quem oferecia, mas sempre dormindo nos cantos. Aos 45 anos, casou-se com Margaret Fell, que tinha 55, mas ficou pouco mais de uma semana com ela antes de continuar suas viagens. Foi ainda à Escócia, ao País de Gales, à Irlanda, à Holanda e à Alemanha, à América e às Índias Ocidentais. Ele procurou, com sua pregação, chamar a atenção das pessoas para aquela luz interior para que elas pudessem ser purificadas por ela e respeitá-la como sua autoridade principal em todo momento.

Quando ele pregava, as pessoas "se convenciam", para usar a expressão dos Quakers, e em 1690 o movimento já tinha entre quarenta mil e sessenta mil seguidores na Inglaterra. Ele usava sua habilidade como organizador para moldá-los a uma política colaboracionista que estava surgindo nas reuniões que aconteciam a cada 45 dias, ou anualmente, em âmbito nacional, nas quais ele ia se afastando do centro do poder. Todos eram privilegiados por suas tomadas de decisão que dependiam sempre do consenso de todos os participantes, como se estivessem sendo guiados por Deus.

Fox aboliu todas as formas exteriores tradicionais de veneração — incluindo liturgia, sacramentos, leitura da Bíblia e cânticos. Em vez disso, as pessoas se reuniriam para meditar juntas em silêncio, sem cultuar nenhum líder além do Espírito. Discutiam sobre esse assunto, homens e mulheres em pé de igualdade, o que significava uma inovação revolucionária naqueles tempos. Mulheres juntavam-se em tropas ao movimento e tornavam-se líderes, viajando tal como os homens. A mais extraordinária ministra viajante foi Mary Fisher, uma serva feminina que partiu sozinha para ver o Sultão da Turquia e testemunhar nele "um quê de Deus" — como diziam os Quakers.

Para Fox, religião e ética eram inseparáveis. Ele atacava a hierarquia social usando sem cerimônia a expressão "você", recusando-se a tirar o chapéu para seus supostos superiores, recusando-se a vestir roupas caras, a pagar o dízimo que sustentava a igreja estabelecida, a usar títulos e a fazer reverências ou bajulações.

Ele era agressivo e argumentativo "ao falar a verdade aos poderosos", diziam os Quakers. Ele ameaçou as instituições, tanto no governo de Cromwell quanto no de Charles II, com suas demandas por justiça e com os exemplos de seus seguidores, cujas vidas foram transformadas e intensificadas por suas crenças. Fox e seus seguidores eram militantes, mas não eram violentos. Seu pacifismo significava que eles não pegariam em armas contra ninguém; ao contrário, a batalha em que estavam engajados era espiritual, o aprofundamento interior e a justiça eram a vitória que eles procuravam.

Tantos esforços para estabelecer uma justiça social, para despertar o brilho sagrado no interior de cada um e para criar uma forma alternativa de adoração e de instituição eclesiástica causaram grande sofrimento a Fox. Ele era muito criticado por pregar na igreja e por interromper as missas, e acabou sendo preso oito vezes. Fisicamente robusto, ele experimentou o poder da cura divina agindo em seu corpo após um terrível desastre, e ficou conhecido como um fazedor de milagres capaz de curar os outros de doenças físicas e mentais.

Ele deixou palavras em seu diário, cartas e outros escritos considerados incendiários que comovem Quakers e não-Quakers com seu poder evocativo. Ele sabia, entretanto, que nosso testemunho não é transmitido somente por palavras, mas também por nossos atos. Ele praticava o que pregava fornecendo um modelo em sua própria vida e conclamando os outros para "serem padrões, exemplos em todos os países, lugares, ilhas, nações, onde quer que estejam. Que sua palavra e sua vida possam ser exemplos a toda sorte de pessoas. Então você irá caminhar satisfeito na terra, responsável pela presença de Deus em todo o mundo".

■

R. Melvin Keiser é professor de estudos religiosos no Guilford College (Quaker), Greensboro, Carolina do Norte.

Johann Sebastian Bach
(1685-1750)

por David Maw

A Paixão de São Matheus, de Johann Sebastian Bach, foi considerada por Mendelssohn (cuja apresentação em 1829 assegurou a reputação do compositor) como "o maior dos trabalhos cristãos". É também uma das mais importantes peças musicais de todos os tempos, que demonstra superioridade técnica e genialidade para a síntese estilística, pela combinação de intrincadas composições polifônicas, recitativos dramáticos, melodias emotivas, estilos de dança e corais luteranos. Datada provavelmente de 1727, ela é a última e mais genial das duas composições de Bach sobre a Paixão. Usando um duplo coro e uma dupla orquestra, permite um amplo número de efeitos: o coro da abertura é forte, com denso contraponto para coral e orquestra, compensado pelo coral "*O Lamm Gottes, unschuldig*" (o *Agnus Dei* luterano) cantado em agudo ripieno. Em contrapartida, a ária "*Aus Liebe will mein Heiland sterben*" emprega uma textura de grande delicadeza. A solista soprano é auxiliada por um acompanhamento de flautas e dois oboés.

Nunca antes uma tal extensão de conhecimentos em composição, aliados a tão profundo senso musical, foram postos a serviço da música sacra. Na paixão de São Matheus, Bach revela seus próprios sentimentos sobre a história da Paixão de Cristo, em música de grande intensidade emocional que ele reserva para a ária "*Erbarme dich*". No recitativo anterior, Pedro percebe que havia negado Deus por três vezes, como fora previsto. A ária implora o perdão do Senhor confessando o mais amargo remorso. Com um toque de mestre, Bach evita o realismo dramático óbvio não dando a ária a Pedro, mas ao contralto. Então, coerente com a tendência contemplativa de todo o trabalho, a ária transcende a mera reflexão pessoal do estado psicológico de Pedro para se transformar numa lamentável expressão da fraqueza humana, com a qual todos podem se identificar. A voz entra sustentada por um acompanhamento de cordas com a textura que acompanha Cristo em toda a composição. Logo, a ária é também o apelo de Cristo, agora abandonado até por seus discípulos mais chegados. Acima das cordas e da voz, um solo de violino toca uma das melodias mais sonoras e entusiasmadas de Bach num ritmo melancólico de *siciliano*. Quem sabe, ouvindo isto, possamos perceber a graça de Deus perante a fragilidade humana.

Apesar da excelência e do mistério de sua música, a vida de Bach foi mundana e monótona. Ele nasceu na cidade alemã de Eisenach, em 1685. Ao contrário de Handel, seu contemporâneo mais cosmopolita, ele viajou pouco e ficou mais conhecido como organista do que como compositor. Típico da grande família de músicos em que nasceu, sua carreira compreendeu uma série de postos na corte e na igreja, nos quais ele atuava como um músico de talentos gerais, compondo, fazendo arranjos, conduzindo a orquestra, ensinando e tocando órgão, cravo e violino. Ele trabalhou em Arnstadt, Mühlhausen, Weimar, Cöthen e Leipzig, e seu último compromisso — como cantor na Saint Thomas School e diretor de música nas principais igrejas da cidade — foi o mais longo de sua vida, durando 26 anos.

Pouco se sabe da vida particular de Bach e de sua personalidade. Ele teve dois casamentos felizes (sua primeira esposa morreu em 1720) e vinte filhos, muitos dos quais se tornaram figuras musicais de destaque na geração seguinte. Salvo algumas atitudes juvenis indiscretas em Arnstadt — incluindo o envolvimento em uma briga e uma reprimenda por convidar uma "donzela desconhecida" para a galeria do coro —, e de disputas ocasionais com o conselho da cidade em Leipzig, ele parece ter sido um empregado confiável e consciencioso. Entretanto, embora atento a sua posição social inferior, ele não tinha medo de reclamar por melhores salários e condições quando achava necessário.

Morreu em Leipzig, em 1750, deixando entre seus bens um número significante de livros de teologia. Eles demonstravam o profundo comprometimento de Bach com a fé luterana, e seu exemplar da Bíblia luterana em versão comentada por Abraham Calov continha anotações nas margens e partes sublinhadas para seu próprio uso. Uma destas anotações dizia: "NB. Onde há música de devoção, Deus com sua graça está sempre presente." Que inspiração, vinda de um compositor cujo legado artístico inclui mais de duzentas cantatas!

Apesar do luteranismo de Bach, sua música transformou-se numa forte expressão de compromisso religioso para pessoas de todas as denominações e credos.

Em parte isto advém de sua capacidade de assimilar uma grande variedade de estilos musicais: dança popular com música instrumental, corais de música sacra, simples melodias de devoção e hinos luteranos. Mas ele estava apenas cumprindo seu dever e estendendo uma típica controvérsia da retórica luterana: "Por que o diabo deveria ter sempre as melhores composições?"

Em vários trabalhos escritos já no final de sua vida, como *The Goldberg Variations*, *The Art of Fugue* e *A Musical Offering*, Bach explorou ao máximo a técnica da música como expressão abstrata do espírito humano. O último trabalho desta série foi a Missa em B Menor, um conjunto de missas em latim compiladas e adaptadas de composições anteriores. Como obra, tal trabalho não conquistou um espaço significativo na liturgia luterana. Ao contrário, ele deixou sua marca como um último testamento musical. Através dele, Bach professa a verdade metafísica da arte da composição como uma reflexão da ordem divina, que transcende circunstâncias históricas e diferentes entre crenças diversas.

■

David Maw faz conferências sobre música no Oriel College e no Saint Catherine's College, em Oxford.

John Wesley
(1703-1791)

por Leslie Griffiths

Para entender a essência do Metodismo em seu surgimento, você terá de fechar seus olhos e usar a imaginação. Pense num bem-vestido sacerdote, de uma já estabelecida igreja da Inglaterra, falando a céu aberto com uma multidão de operários sem cultura que trabalhavam nas minas de carvão. Era um fenômeno nunca visto anteriormente. Ele não agia com naturalidade. Forçava-se a ficar de pé ali e "tornar-se mais desprezível", como registrou em seu diário. Os mineradores estavam surpresos e muito comovidos com aquela atenção. Ao ouvirem sobre o amor de Deus por eles, muitos se descontrolavam e começavam a chorar. Suas lágrimas traçavam linhas brancas em suas faces escurecidas pelo carvão. Foi um momento de graça, como muitos outros momentos que se repetiram, de norte a sul das ilhas britânicas, enquanto John Wesley levava sua mensagem às massas. Ele rodou milhares de quilômetros, improvisou púlpitos onde pôde e louvou a Deus a todos que se dispunham a ouvi-lo.

Wesley transpôs seu século como um colosso. Dizem em alguns quartéis que ele, quase sozinho, evitou na Inglaterra uma revolução similar àquela ocorrida na França. A princípio ultrajado pelo clero, ele foi honrado e reverenciado em grande estilo no final.

Não dava para adivinhar o que estava por vir. Sua família era bem relacionada, mas muito pobre. Seus dois avós foram considerados hereges e mortos em 1662. Sua mãe desenvolveu uma clara simpatia pelos jacobinos, o que pode explicar por que o bom relacionamento da família não lhes proporcionou uma melhoria de vida. Por conta disto, John Wesley nasceu numa área rural e atrasada chamada Epworth, em Lincolnshire. Sua mãe fez economias para enviá-lo a Londres, onde ele foi educado na Charterhouse School antes de ir para Oxford. Charles, seu irmão mais novo, seguiu alguns anos mais tarde.

Foi em Oxford que Wesley juntou um grupo de jovens entusiasmados que foram tão diligentes e organizados em dividir seu tempo entre interesses religiosos, pastorais e acadêmicos que foram logo apelidados de "Metodistas".

O jovem Wesley era extremamente devoto. Por causa de seu fervor ele incumbiu-se da missão na nova colônia fundada na Geórgia, América, onde esperava converter os americanos nativos e ajudar a estabelecer uma utopia cristã. Foi um completo desastre. Wesley teve de lidar com o fracasso pessoal, tanto no trabalho missionário quanto em sua primeira tentativa de cortejar uma mulher.

Durante a viagem para a Geórgia, ele observou de perto a simples e categórica devoção de alguns morávios, que formavam um grupo de cristãos religiosos da Europa Central. Eles haviam permanecido calmos durante uma tempestade quando todos os outros viajantes, inclusive Wesley, entraram em pânico. Ele desejou possuir aquela fé e sua procura o levou à conversão, em maio de 1738, aos 35 anos de idade. Seu coração estava "estranhamente satisfeito", ele escreveu. Seu irmão, Charles, também se havia convertido e o movimento metodista estava, então, pronto para começar. Charles começou a escrever uma torrente de hinos que sobreviveram aos séculos e são cantados ainda hoje em igrejas de orientação cristã. Hinos como "O amor divino a todo amor supera", "Ouçam os anjos mensageiros cantando" e "Aquele que veio do céu". Os católicos podem dedilhar seus rosários, os anglicanos podem folhear seus livros de orações e os quakers podem guardar seu silêncio, mas os metodistas foram criados na música e seus filhos e filhas têm cantado sua religiosidade e sua teologia.

Esta teologia é centrada na doutrina da universalidade da graça. Seu irmão escreveu: "Por *tudo* e por *todos*, meu salvador foi morto." Ele não era calvinista. Aliada a esta visão católica da graça estava o ensino do sagrado. O pecado não justifica o fim de uma vida de fé, mas, sim, o começo, pois aquele que realmente acredita traça um caminho de perfeição feito de amor e dedica sua vida a um trabalho profícuo. Um verdadeiro cristão deve caminhar e falar. Tudo isto soava para alguns dos protestantes contemporâneos de Wesley como uma "justificativa dos pecados por meio de boas ações", e freqüentemente o chamavam de "a raposa jesuíta". Mas Wesley permanecia inabalável. Os assuntos que ele ensinava giravam, inevitavelmente, em torno do que ele chamava de "divindade prática" e a única santidade que ele compreendia era a santidade social. Escolas, orfanatos, casas de saúde, a assistência à pobreza, o trabalho de alfabetizar e a luta pela justiça eram os resultados práticos de seu entendimento teológico.

A prática organizacional de Wesley beirava a genialidade, designando pessoas leigas para pregar e fazer trabalhos pastorais de assistência. O movimento floresceu nos bolsões urbanos criados pela Revolução Industrial. Na ocasião de sua morte já eram setenta mil metodistas na Inglaterra, talvez mais na América.

Foi a América que contribuiu para uma eventual separação dos metodistas da Igreja da Inglaterra. Depois das guerras de independência, com o fim da autoridade inglesa, o trabalho pastoral de assistência às pessoas na América ainda ficou (inacreditavelmente) nas mãos do bispo de Londres. Uma igreja já estabelecida movia-se a passos de tartaruga e o bispo Lowthe recusou-se a enviar padres aos renegados americanos, apesar dos pedidos de Wesley e de outros. Finalmente, em total desespero, Wesley ordenou alguns de seus próprios pregadores e enviou-os para trabalhar nos Estados Unidos. A sorte estava lançada e as sementes de uma igreja metodista independente estavam espalhadas. Foi um momento trágico na história da igreja.

Wesley morreu em 2 de março de 1791, idoso e firme em sua fé. As últimas palavras dele de que se tem registro foram: "O melhor de tudo é que Deus está conosco." Seu descanso foi no cemitério de sua adorada New Chapel, em Londres. A última carta que ele escreveu, menos de uma semana antes de falecer, foi para William Wilberforce. Nela, ele incitava o jovem a empenhar todas as suas energias na "gloriosa empreitada de oposição à execrável vilania" da escravidão. Esta pequena frase, salpicada com um ardente desejo de justiça, dá uma verdadeira visão do espírito de John Wesley, evangelizador e reformista social.

■

Leslie Griffiths é ministro da Wesley's Chapel, City Road, em Londres. Ele é o presidente fundador da Conferência Metodista, escritor e locutor.

William Blake
(1757-1827)

por Jill Paton Walsh

William Blake, grande poeta de língua inglesa, foi ao mesmo tempo um grande visionário, quase um santo medieval católico, e uma espécie de contestador natural; um herói de pensamentos próprios e independentes. "Eu devo inventar uma organização ou ser subjugado pela organização que outros homens inventarem."

Nascido em 1757, em Londres, filho de um mascate, ele foi aprendiz de gravador e estudou na Royal Academy. Foi educado nas artes visuais e desenvolveu sozinho seu talento para escritor, com base em muita leitura. Os amigos pagaram pela publicação de seu livro de juventude *Poetical Sketches*, mas Blake não conseguiu encontrar um editor para *Songs of Innocence and Experience*, escrito aos trinta e poucos anos. Ele o imprimiu sozinho, cortando o texto e as ilustrações e, junto com sua esposa Catherine Boucher, tingiu as folhas a mão e uniu texto e ilustrações em pequenos livros de incomparável beleza. Blake era muito diferente dos intelectuais da época, vivendo um casamento discreto e alegre. Toda admiração que conquistou na vida foi como gravador, e morreu pobre e negligenciado.

Considerando seu trabalho apaixonado e visionário, como artista e como poeta, é natural que recordemos que ele viveu no ápice das transformações da atmosfera intelectual do Iluminismo para o Romantismo. A virada em sua vida coincidiu com o início da Revolução Industrial, enquanto seus trabalhos de juventude foram publicados durante a deflagração da Revolução Francesa, a qual Blake e o círculo de radicais que ele freqüentava apoiaram fervorosamente.

Situar as opiniões revolucionárias de Blake no contexto da efervescência de sua época vai nos ajudar a apreciar seu trabalho, embora devamos admitir, também, que sua visão contempla, com clareza, a eterna questão da situação humana e a problemática conexão entre humano e divino. Blake detestava o teísmo* e o ateísmo igualmente. Ele combinava uma aversão à religião organizada a uma profunda visão religiosa de que toda criatura é plena de Deus e de que todo desejo humano, inclusive o desejo sexual, é sagrado:

> Os portões desta capela estão fechados
> E "tu não deves" escrever sobre a porta...

---

*Doutrina que admite a existência de um Deus pessoal, causa do mundo. (*N. da T*)

> A abstinência espalha areia por todo canto
> O membro rubro e o cabelo esvoaçante
> Mas o desejo é gratificante
> Planta frutos de vida e beleza.

Para Blake a imaginação, e não a razão, é a suprema faculdade humana que sozinha pode idealizar o infinito. Ele desenvolvia suas visões em poemas longos e simbólicos. Os "Prophetic Books", cheios de personagens de sua própria mitologia, são deturpados com uma versão invertida de cristianismo, em que o natural é sagrado e o doutrinal e disciplinador são diabólicos. O resultado é tão impenetrável para a maioria dos leitores quanto uma noite escura, ainda que atingida por faíscas de percepção qual estrelas esporádicas.

É por meio de sua poesia lírica que a visão peculiar de Blake sobre o mundo se insere em nossa cultura. *Songs of Innocence and Experience* combina uma intensidade de pensamentos e sentimentos com uma simplicidade de expressão que parece incandescente, ao mesmo tempo que soa lúcido e misterioso, e sua complexidade encapsulada vai se desdobrando na mente de quem o lê por horas, meses e anos. "The Tyger", por exemplo, é um poema que encerra o problema da maldade:

> Terá ele sorrido ao ver seu trabalho?
> Ele que fez os cordeiros terá feito a ti?

Conhecido de todo estudante, arde na mente daqueles que o lêem.

Blake é o poeta da encarnação, pois proclamava uma fusão do divino com o humano; ele é o poeta da imanência, pois via a luz divina através do mundo material ao seu redor. Ele é o poeta do pecado original, avaliando o abismo entre a inocência e a experiência. Ele obedeceu cegamente às instruções de tornar-se uma criança para alcançar o reino dos céus e sua indignação com as imperfeições do mundo a sua volta, que é o peso da experiência, é tão aguda quanto um pedido de perdão de um profeta:

> Será esta uma coisa sagrada de se ver
> Numa terra rica e fértil
> Pessoas reduzidas à miséria
> Alimentadas pelo frio e por mãos usurárias?

Como Cristo entre os Fariseus ele culpava "as cabeças amarradas e forjadas" da doutrina formal.

Será possível separar a fusão perfeita que ele alcançou e considerar distintamente o conteúdo espiritual de seu trabalho e de sua beleza interior? Sua rejeição a explicações materiais do mundo e suas poderosas asserções sobre a necessidade de se ver o espiritual além do físico parecem ser observações cada vez mais pertinentes num mundo em que as idéias científicas tornam-se referência para todas as coisas.

> Os átomos de Demócrito
> E as partículas luminosas de Newton
> São areias à margem do Mar Vermelho
> Onde as tendas de Israel brilham tão
> intensamente.

A beleza do trabalho de Blake é uma espécie de confirmação da excelência de suas idéias, porque suas idéias eram, basicamente, sobre a qualidade da beleza no mundo. "Quando o sol nasce, você não o vê como um disco de fogo parecido com uma moeda de ouro?", era perguntado. "Oh, não, não, eu vejo um grupo enorme de criaturas celestiais clamando: 'santo, santo, santo é o Senhor todo-poderoso'."

"Se as portas da percepção forem purificadas", ele dizia, "tudo parecerá infinito, como realmente é."

Ler Blake é um modo poderoso de se purificar a percepção.

■

Jill Paton Walsh é autora de Knowledge of Angels.

Serafim de Sarov
(1759-1833)

por Richard Price

Numa conferência em São Petersburgo há alguns anos, um visitante italiano perguntou com toda inocência por que Pushkin, embora contemporâneo de São Serafim, o mais querido dos modernos santos russos, nunca fora visitá-lo nem demonstrara o menor interesse por ele. Sua pergunta foi recebida com um silêncio atordoante. O fato é por demais embaraçoso para os russos modernos em busca de uma identidade nacional única. Pushkin e São Serafim representam duas culturas contrastantes que não se conheciam e não queriam se conhecer.

Para entender São Serafim, nós precisamos deixar para trás a urbanidade e o mundo cosmopolita de Pushkin e nos dirigir às florestas do sul da Rússia, ingressando em uma cultura monástica alimentada por leituras constantes da Bíblia e da vida dos antigos santos. Para Serafim, o mundo dos antigos monges e eremitas fornecia modelos de santidade para todas as épocas. Ele mesmo imitou Santo Antônio do Egito, vivendo décadas em estrita reclusão, com as florestas virgens como equivalente do deserto. Por mil noites e dias ele imitou São Simão, o estilita, permanecendo de pé numa rocha, rezando. Assim como Santo Antônio, que eventualmente saía de sua reclusão para agir como mentor espiritual, também Serafim, nos últimos oito anos de sua vida, abriu as portas de sua cela a qualquer um que desejasse consultá-lo.

Inúmeros visitantes faziam longas jornadas para vê-lo. Eram mais de dois mil deles esperando do lado de fora de sua cela. Eram atraídos para perto dele pelo mesmo motivo que um número comparável foi atrás de Simão, o estilita, mil e quinhentos anos antes. Viam nele um homem de autoridade, cujos anos de reclusão haviam transformado num visitante privilegiado de outro mundo, qualificado para falar como porta-voz de Deus sobre seu amor por cada um de nós.

Que espécie de orientação Serafim dava a seus visitantes? Como padre ele sempre os absolvia de seus pecados sem exigir uma confissão detalhada. Sua confiança no poder da graça divina o levou a afirmar que todos aqueles unidos em Cristo pela eucaristia seriam salvos. Ele ensinou a estrita observância às regras da igreja, mas recusava-se a fazer disto uma condição para a salvação. O ascetismo severo que praticava demonstra que ele não subestimava as exigências da fé e que entendia a igreja como a comunhão dos santos vivos e mortos, cujo sacrifício pessoal expiava as faltas dos outros. Seu tema favorito era a alegria que irradiava de nossa compreensão do poder de Cristo de curar e salvar. Sua saudação costumeira a todos que iam a ele era: "Você, minha alegria, ressuscitou Cristo."

Como um mentor espiritual perfeito, Serafim gozou de uma popularidade em vida que se transformou em culto depois de sua morte, semelhante àquele que no Ocidente se formou em torno de Curé de Ars, e mais recentemente de Padre Pio. Ele reviveu a figura dos *starets* (pais espirituais), comuns em Bizâncio e na antiga Rússia. Todavia, a canonização de Serafim em 1903 foi forçada pelo czar Nicolau II a uma relutante hierarquia eclesiástica que queria um santo fazedor de milagres como símbolo da renovação nacional, e um padroeiro divino para a guerra que eles estavam planejando contra o Japão. Serafim foi associado a um conjunto de profecias duvidosas, algumas delas de cunho anti-semita e que incluíam uma suposta garantia de que a última parte do reinado de Nicolau II seria longa e gloriosa. Foi graças à hierarquia russa que a circulação dessas profecias foi desestimulada e acabou não tendo nenhuma influência no culto popular ao santo.

Sua canonização foi acompanhada da publicação de *Conversation with Motovilov*, na qual Serafim expõe longamente seus ensinamentos sobre os dons do Espírito Santo, terminando com o extraordinário clímax em que Motovilov vê a face de Serafim brilhando com uma luz divina, semelhante àquela de Cristo no Monte Tabor. O trabalho foi "descoberto" por um divulgador inescrupuloso que também estava engajado na publicação da mais notória literatura forjada, *Protocols of the Elders of Sion*. *Conversation* acabou sendo aceito como um clássico da espiritualidade russa, embora reflita claramente o misticismo exagerado da última corte czarista, com suas raízes na beatice ocidental. Apesar de alguns elementos do trabalho derivarem da espiritualidade bizantina e do monasticismo russo, ele pode ser aceito como autêntico, principalmente a ênfase na religião do coração e na felicidade espiritual.

A devoção russa, tanto a Serafim quanto a Pushkin, expressa um apego às raízes culturais e a saudade de uma suposta era dourada. Os dois homens permanecem incólumes por conta deste tratamento; eles são lembrados como personalidades notoriamente atuais e independentes. A devoção simultânea de tantos russos por ambos simboliza não somente as tensões da cultura russa, mas a paradoxal vitalidade do cristianismo numa era pós-cristã.

■

Richard Price faz conferências sobre a História da Igreja no Heythrop College, na Universidade de Londres.

Sören Kierkegaard
(1813-1855)

por George Pattison

No verão de 1835, um estudante de teologia de 22 anos, Sören Kierkegaard, passou um feriado em Gilleleie, uma vila de pescadores na costa norte da Dinamarca. Lá, nas escarpas rochosas olhando as límpidas águas azuis, ele refletiu sobre o significado e direção de sua jovem vida atribulada. Ele se lembrou da sucessão de mortes na família e sentiu uma solidão pelas perdas que parecia resumir a condição humana. Ele pensava numa carreira de teólogo acadêmico, mas no que daria perseguir uma verdade meramente teórica, ele se perguntava, quando o que importava "era encontrar uma verdade que significasse algo *para mim*, e encontrar *uma razão pela qual eu esteja disposto a vi-*

ver e morrer". Nos anos seguintes, essas dúvidas se acentuaram e a decisão sobre sua vida ainda se arrastava. A decisão veio com o fim de seu compromisso com Regine Olsen, moça que ele amava profundamente, com quem percebeu que não poderia casar devido a razões complexas, provavelmente associadas a sua relação de culpa e opressão com o pai.

Naqueles dias de verão de 1835, Kierkegaard efetivamente definiu o curso de sua vida como escritor. Recusando a imagem romântica do poeta melancólico, ele gerou um moderno arquétipo fundamental do oprimido angustiado, do estranho alienado, do indivíduo solitário que se opõe à infernal máquina do sistema. Na época de Kierkegaard, "o sistema" significava primeira e principalmente o *status* imposto pela filosofia hegeliana com suas grandes reivindicações acerca do limitado alcance da ciência. Usando de pseudônimos em uma série de trabalhos, ele desencadeou um ataque devastador às pretensões hegelianas e à visão reduzida e determinista da vida humana que se desenvolvia. Os próprios títulos destes trabalhos, como *Fear and Trembling*, *Philosophical Fragments*, *Concluding Unscientific Postscript* e *The Concept of Anxiety*, transmitem algo da força e da natureza do ataque. A filosofia não poderia compreender o divino paradoxo da encarnação, e via na assertiva de que o ser humano individual também era Deus uma ofensa à razão. Também não poderia jogar luz sobre a escuridão; aqueles pontos irracionais da alma humana.

Ao mesmo tempo, Kierkegaard constatou que a melancolia romântica que ele sentia tão intensamente era uma outra forma de niilismo; recusar a certeza de que Deus criou as coisas para sempre e fugir das responsabilidades pessoais. Simplesmente rejeitar a ciência e as demandas da vida social era esquivar-se ao desafio e, não, superá-lo. O jovem romântico teve de encarar as responsabilidades éticas e, finalmente, seu culto narcisista foi confrontado com o desafio cristão. Estas foram as principais questões de seus livros romanceados *Either/Or*, *Repetition* e *Stages on Life's Way*.

Quando Kierkegaard compreendeu tudo, a retração e o corporativismo dos hegelianos, juntamente com a auto-indulgência do esteticismo, eram sintomas inseparáveis do colapso intelectual, moral e social. Somente a religiosidade, e como último recurso, uma forma radical de disciplina cristã, poderiam pôr fim àquela situação. Então, junto a seus escritos anteriores, ele publicou, usando seu próprio nome, uma seqüência de reflexões religiosas altamente exigentes. Depois, percebeu que o que estava propondo ia além do que ele mesmo seria capaz de cumprir, e então usou de outro pseudônimo para publicar *Training in Christianity* e *The Sickness unto Death*.

A relação de Kierkegaard com a igreja nacional da Dinamarca sempre foi ambivalente e ao final tornou-se abertamente hostil. Ele argumentava que a cristandade estabelecida naturalmente amortecia o desafio do que ele chamava "cristianismo do Novo Testamento". Ele via a igreja muito ansiosa para assimilar a mensagem do Novo Testamento à filosofia da época (fosse a hegeliana fosse a platônica), a fim de obscurecer a verdade em prol dos números (os três mil convertidos no primeiro Pentecostes, ele lembrava, era um sinal do que estava por vir). E, esquecendo das questões essenciais do mundo celeste, a igreja se preocupava em abençoar as questões tradicionais da vida mundana, como casamento, educação infantil e Estado. Contra a insistência de Lutero de que a fé era tudo, Kierkegaard clamava por uma redescoberta da imitação ativa de Cristo. Em 1855, o último ano de sua vida (ele morreu aos 42 anos), estas críticas vieram à tona em uma série de panfletos nos quais ele desafiava o clero a admitir que o "reino de Deus" era, essencialmente, um compromisso com o mundo.

Kierkegaard declarou que Cristo era um paradoxo absoluto e que sua própria vida era uma sucessão de paradoxos, afinal ele fora aclamado tanto por cristãos radicais quanto por conservadores. Sua visão pode parecer obscura, enfatizando o absurdo, o pecado, a cruz e o sofrimento, mas ele também escreveu enfaticamente sobre a divindade de Deus na criação, sobre a graça e sobre a alegria em meio ao sofrimento, se vivermos — como ele colocou — com "a expectativa de uma eterna felicidade". Talvez, o fato verdadeiramente kierkegaardiano é que todos estes temas são refratários ao reflexivo espírito de modernidade, demonstrando que é possível viver dos recursos da fé cristã e ao mesmo tempo ser verdadeiro em relação a nossa moderna — e pós-moderna — experiência e identidade.

■

George Pattison é decano da capela do King's College, em Cambridge.

Theresa de Lisieux
(1873-1897)

por James McCaffrey

"Irritante", "maçante" e "quase repulsiva" foi como Karl Rahner a descreveu, e sua voz era o eco de muitas outras. "Uma doce freirinha que nunca fez nada", disse alguém de sua própria comunidade. Caricaturas populares e representações adocicadas em nada contribuem. Seu modo de falar, doce e sentimental, também enjoava. Até seus escritos a princípio foram tomados por serem considerados ofensivos aos leitores pios. Apesar disto, seus leitores são entusiasmados e diversificados, entre os quais incluem-se desde o filósofo judeu Henri Bergson ao teólogo Hans Urs von Balthasar, e Madre Teresa de Calcutá a Jack Kerouac. Para o Papa Pio X, ela foi "a grande santa dos tempos modernos".

Nascida em 1873, ela teve de lutar por toda sua vida contra um difícil temperamento. "Cabeça dura" e "teimosa" era como sua mãe a descrevia — uma criança mimada, altamente sensível, emocional, temperamental e dada a violentos acessos. No entanto, era feita de aço. Aos 14 anos, ela desafiou o protocolo do Vaticano ao pedir, em vão, a Leão XIII uma permissão para ingressar nas carmelitas, objetivo alcançado mais tarde, aos 15. Lá ela viveu, praticamente desconhecida, até sua morte aos 24 anos.

Story of a Soul, sua autobiografia, figura entre os grandes clássicos espirituais. Sua espiritualidade tem raízes profundas na simplicidade, na desordem e nos aborrecimentos do cotidiano. Seu trabalho já proclamava a mensagem do Segundo Concílio do Vaticano, de que a santidade acontece a qualquer um. Sua superiora a descrevia aos vinte como: "Cheia de truques, mística, uma comediante." Seu Deus não é um ditador severo. Ela deu um novo aspecto à santidade.

Sua família francesa seguia o rigoroso jansenismo que prevalecia naquela época. Mas a igreja que ela amava não se constituía de uma inanimada pirâmide de regras e estruturas. Era uma comunidade de pecadores que necessitavam constantemente de perdão, trabalhadores fracos e alquebrados como ela "com o coração transbordando de amor". Ela podia repreender um abuso de autoridade desmedido com a frase: "Existem regras que ninguém tem o direito de impor." Ela foi porta-voz do sofrimento de muitas mulheres de nossos dias. Seu desejo de ser sacerdotisa é bem conhecido — "algo sentido profundamente que cresceu em sua vontade", segundo sua irmã. Ela é um guia seguro ao coração maternal de Deus.

Mais conhecida por seu "jeitinho" — o diminutivo é usado no sentido evangélico, de um caminho simples designado para os "pequenos", os *anawim*, os pobres de Jeová, que acreditam no amor misericordioso. "Devemos reconhecer nossas fraquezas e esperar tudo de Deus, como criancinhas esperam tudo de seu pai." Custou a ela uma vida de lutas para viver isto plenamente.

Nós podemos entender o custo desta luta por intermédio de seu "*night of nothingness*", que narra os últimos 18 meses de sua vida. Vivendo "numa escuridão total" ela era assombrada por "vozes zombeteiras", tentou o "suicídio", "blasfemou", e se manteve no limiar do desespero. Com um raro toque de originalidade ela nos encoraja na dor "a carregar nossa cruz vagarosamente... a sofrer sem resistência e sem coragem exacerbada". Ela duvidava dos dogmas e questionava-os dizendo: "Eu não acredito mais na vida eterna." Ela via isto, entretanto, como parte de sua missão de acompanhar aqueles que não acreditavam, angustiados pelo silêncio de Deus. A razão de sua morte soa como a história do crucifixo. Ela disse: "Só o que tenho é amor." Em nossa cultura que sanciona o aborto, a eutanásia e o suicídio assistido, ela reafirma que toda vida é sagrada e que o amor é fundamental. Para ela, toda espécie de dor — rejeição, pobreza, fracasso, genocídio, discriminação, depressão e mesmo a morte — pode ser transformada em uma experiência de amor, e não somente ser suportada de forma impassível.

Sua conversa no leito de morte diz tudo:
— Você deve tentar dormir — disse a irmã Celine.

— Eu não posso, estou rezando.
— E o que você está dizendo para Jesus?
— Não estou dizendo nada... eu somente o amo.

Seu hábito de rezar em silêncio demonstra um equilíbrio necessário que contrasta com alguns movimentos modernos de oração. Seus escritos são mosaicos dos textos bíblicos e antecipam o pedido da igreja para que tentemos redescobrir as escrituras. O Jesus que ela encontrou nos Evangelhos era a Palavra de Deus enfraquecida. Ele, seu amado, era frágil e humano como ela e, assim como ela, ele necessitava desesperadamente de amor: "Jesus, meu único amor." E nas poucas linhas de seu poema *To the Sacred Heart of Jesus* ela traduziu seu sentimento:

> Eu preciso de um coração ardendo de ternura,
> Para ser meu apoio eterno,
> Para amar a tudo em mim, mesmo minhas fraquezas,
> E nunca me abandonar, dia ou noite...
> Eu preciso ter um Deus que aceite minha natureza
> Que se torne meu irmão e seja capaz de sofrer.

∎

James McCaffrey é editor de Monte Carmelo, um retrospecto da vida espiritual. Ele escreveu extensivamente sobre a vida de Santa Theresa.

Fiodor Mikhailovich Dostoievski
(1821-1881)

por Irina Kirillova

Depois da queda do regime soviético em 1991, a Rússia passou por mudanças rápidas em direção a um período de uma nova literatura, uma nova música e um novo teatro. Porém, um escritor clássico do século XIX, Dostoievski, continua sendo lido e estudado avidamente como fonte de religiosidade e valores morais puros, para substituir a desacreditada filosofia definida ideologicamente como "moralidade soviética". Para Dostoievski, qualquer sistema de valores estável deveria ter raízes nos ensinamentos e na pessoa de Jesus Cristo — homem e Deus.

Dostoievski nasceu em 1821. Seu pai, um médico que deu a seu filho o controle de sua crescente biblioteca de assuntos médicos, o enviou a São Petersburgo para se tornar um engenheiro militar. O jovem Dostoievski, no entanto, mostrou uma preferência marcante por literatura e filosofia e, depois de contar com muitos títulos publicados, ele juntou-se, em 1847, ao Círculo Petrashevsky, uma "sociedade secreta" mantida na ilegalidade, e dentro dessa sociedade, a seu núcleo revolucionário radical. Como disse mais tarde, ele queria conhecer em primeira mão os homens dedicados à idéia de uma total destruição em nome de uma futura utopia. A idéia utópica, particularmente na forma de socialismo cristão que era a que reinava no início do século XIX, fascinou Dostoievski até o fim de sua vida.

Este socialismo cristão desmistificado e o sofrimento de inocentes, principalmente crianças, destruíram a fé em que Dostoievski foi criado. Mas mesmo rejeitando a vida religiosa mística e sacramental ele manteve uma veneração quase extática pela pessoa de Cristo, o "homem perfeito", que foi "o caminho, a verdade e a vida". Em uma carta da Sibéria, em 1854, ele escreveu: "Se alguém me provar que Cristo é uma ilusão e isto for verdade, então eu prefiro permanecer com Cristo a me ater à verdade."

Em 1849, os líderes do Círculo Petrashevsky, incluindo Dostoievski, foram presos e condenados à morte. Esperando sua vez de encarar o pelotão de fuzilamento, Dostoievski disse a um companheiro: "nós devemos ficar com Cristo", palavras assustadoramente parecidas com as ditas por Cristo aos ladrões arrependidos na cruz: "Hoje vocês estarão comigo no paraíso." A pena de execução que Dostoievski esperava foi comutada no último momento para uma pena de serviços pesados na Sibéria, mas ele nunca esqueceu a expectativa da morte iminente, e a experiência inspirou os três discursos apaixonados contra a pena de morte em seu romance *O idiota*.

Os anos na Sibéria o transformaram no escritor e visionário de sua época de maturidade. Ele recobrou sua fé no mistério divino e na divindade de Cristo entre ladrões e assassinos da colônia penal. Ficou extasiado com a intensidade de suas orações e da confissão de seus pecados durante a Semana Santa, e com a profunda consciência que tinham de seus crimes e pecados. Naqueles rostos brutalizados, Dostoievski viu a "imagem e semelhança de Deus".

Todos os romances de Dostoievski escritos na maturidade preocupam-se essencialmente com um tema: a dádiva da liberdade e da vontade concedida ao homem e o abuso trágico que ele faz dela. Com exceção do Príncipe Myshkin e de Alyosha Karamazov, todos os seus personagens principais cometeram o crime irreversível: o assassinato. O assassino, tendo cometido seu crime diretamente, como Raskolnikov, ou por intermédio de uma terceira pessoa, como Stavrogin, torna-se um "todo-poderoso", que usurpa o direito, que somente Deus tem, de tirar a vida. Somente um milagre, ou seja, um ato de graça divino, pode salvar a alma do assassino. O ponto alto de *Crime e castigo* é a leitura da ressurreição de Lázaro, uma "previsão" potencialmente simbólica do retorno de Raskolnikov à vida. Em *Os demônios*, entretanto, o psicopata Stavrogin, um morto-vivo, retorna não para o arrependimento, e sim para o desespero e o suicídio. A salvação dos "grandes pecadores" era impossível em termos literários, pois o romance está voltado para o existencial e o psicológico, e não para o mistério do espiritual.

O foco principal do último grande romance de Dostoievski, *Os irmãos Karamazov*, é a lenda do grande inquisidor. A figura silenciosa de Cristo é confrontada com aquela do inquisidor, que faz pouco caso do que consideramos o totalitarismo soviético, que era para Dostoievski o mal insuperável, a negação da liberdade e da dignidade humana. Cristo é acusado de ter muitas expectativas sobre a humanidade que, uma vez suprida de suas necessidades físicas e materiais, estaria disposta a abdicar da liberdade e da vontade. Para Dostoievski, somente em Cristo poderemos encontrar a liberdade absoluta e a produtiva satisfação da vontade.

■

Irina Kirillova era conferencista de estudos russos na Universidade de Cambridge.

William e Catherine Booth
(1829-1912) William
(1829-1890) Catherine

por Roy Hattersley

William Booth foi o evangelista de maior sucesso no século XIX. Numa época em que os pregadores contabilizavam suas conversões e usavam seu total semanal para conseguir um novo posto, Booth certamente figurava entre os líderes. E, embora nunca tenha se utilizado de tais práticas comerciais, ele tinha um orgulho enorme de seu talento incomparável para salvar almas. Sua importância, entretanto, girava em torno do mundo que escolheu para sua paróquia. Os pobres eram sua congregação natural e, ao menos no princípio, as únicas pessoas que ouviam seus sermões eram os homens e mulheres que estavam fora do alcance das igrejas.

Ele estava certo ao afirmar que o Exército da Salvação era a continuação do trabalho de John Wesley. "Nós fomos somente um pouco além do caminho que ele traçou", ele dizia. Wesley preencheu a lacuna que foi deixada, no século XVIII, pelo indolente clero da Igreja da Inglaterra. Cem anos mais tarde, porém, os pregadores de Wesley também se mostravam pouco interessados no mundo fatigante da Revolução Industrial. Booth, que considerava as especulações teológicas como uma perda de tempo, acreditava que os metodistas se concentravam no conhecimento à custa do que ele chamava de "prática da cristandade". Então ele abandonou os doutores de teologia e formou o Exército da Salvação que foi ao encontro das necessidades das massas negligenciadas, avançando pelas estradas e caminhos e trazendo os potencialmente convertidos para junto de suas tropas.

Tudo que Booth fez, uma vez que o Exército desenvolveu-se a partir da Missão do Leste de Londres, foi ajustado às necessidades e tendências dos pobres oriundos da Revolução Industrial. As bandas e bandeiras tinham o objetivo de guiá-los das ruas para a igreja. O uniforme foi projetado para remetê-los ao jacobinismo da Inglaterra vitoriana e para fazer de cada oficial uma afirmação visível da crença na causa e na corporação. Os pecadores reformados que pregavam nas esquinas atraíam a atenção dos passantes, porque eles pertenciam à mesma classe social daqueles a quem suas instruções eram dirigidas. William Booth era o homem de vendas de

Deus, assim como seu bom soldado. E ele soube identificar o seu mercado natural.

O sucesso de sua técnica foi rápido e avassalador. Em dez anos da criação do Exército da Salvação, Booth comandava três mil unidades e dez mil oficiais com dedicação integral, em postos isolados tão distantes quanto Islândia ou Nova Zelândia, Argentina ou Alemanha. Mas sua preocupação inicial com os pobres era mais do que uma análise perspicaz de como ele poderia ser bem-sucedido em sua empreitada. Em seu primeiro Natal em Londres, ele percebeu que os desempregados do *East End* visitavam os odiados *pubs* porque esses bares eram os únicos lugares que podiam oferecer um pouco de calor e conforto a suas vidas. Daí em diante, ele não teve mais dúvida de que o frio e a fome faziam o serviço do diabo.

Catherine, a parte mais forte, inteligente e certamente mais atraente do quase perfeito casamento de Booth, sempre compreendeu a dura face da pobreza. Vagando pela terra devastada, ela encontrou um monte de trapos que, olhando mais atentamente, descobriu-se que era uma mulher que havia dado à luz poucas horas antes. Esse incidente inspirou sua vida de esforços em prol da melhoria nas condições de vida das mulheres na sociedade do século XIX. Combinada a sua defesa do direito de pregar das mulheres — apoiado nas irrefutáveis evidências bíblicas —, sua campanha para aumentar a idade da maturidade legal e para mudar as leis sobre a prostituição e seu agenciamento transformou Catherine em uma das maiores reformistas sociais de sua época. Por sua causa, William Booth tornou-se, também, um reformista social.

No ano da morte de Catherine, William publicou *In Darkest England and the Way Out*, o primeiro plano abrangente para acabar com a pobreza em todo o país. Sua proposta era desesperadamente utópica. Seu erro foi o otimismo exagerado. Ele acreditava que, dada uma escolha, as prostitutas de Londres prefeririam sair das ruas da capital e arrumar empregos no campo como ordenhadoras de gado ou empregadas domésticas. Mas otimismo é um sinal de graça. William Booth acreditava na salvação.

Por isto ele recusou-se a fazer distinções entre os pobres merecedores e os não-merecedores — pelo menos no que dizia respeito à melhoria das condições de suas vidas. Ele queria a redenção dos injustos. E ele não lhes negaria ajuda material em seu lento caminho para a redenção. Esta filosofia teve uma profunda influência nas opiniões da Inglaterra vitoriana e bastou para tornar William Booth uma importante figura histórica. Também serviu para torná-lo odiado pelo sistema. Por natureza ele estava sempre do lado das autoridades, mas na maior parte de sua vida ele foi temido e detestado pelos poderosos.

O merecimento de um posto no panteão vitoriano foi conquistado com a criação de uma nova igreja. Mesmo assim, o balconista pouco instruído de uma casa de penhores em Nothingham, que fundou um movimento de âmbito mundial, não concorda com toda a distinção que lhe reservaram. Em parte porque sua postura militar parecia ridícula às opiniões mais sofisticadas. Mas sua exclusão do rol dos vitorianos eminentes tem uma causa mais importante. William Booth trabalhava no meio dos pobres, e este tipo de trabalho é sempre subestimado.

■

Roy Hattersley é autor de Blood and Fire: William and Catherine Booth and their Salvation Army.

John Henry Newman
(1801-1890)

por Owen Chadwick

A vida de John Henry Newman foi marcada por duas conversões. A primeira foi como estudante aos 15 anos — uma experiência calvinista e evangélica. É uma recordação forte. Muito depois, aos 42 anos, quando suas convicções anglicanas esmoreceram, ele abdicou de sua paróquia em Saint Mary, Oxford, e em sua pequena capela no vizinho povoado de Littlemore ele pregou seu último sermão anglicano, sentimental e comovente, chamado "A partida de amigos". Depois de mais dois anos de hesitação, ele fez sua escolha. Quando o padre Dominic Barberi, o Italiano Passional, passou por Littlemore, Newman pediu para ser recebido por ele na igreja em Roma.

Sua façanha foi enorme. Ele ensinou os católicos romanos a serem mais tranqüilos em sua fé. A religiosidade dos católicos do século XIX era dedicada, porém limitada. Newman recomendava uma doutrina de desenvolvimento que permitia a eles aceitar o fato de que a história afeta a religião e de que mudanças históricas são inevitáveis. Nas fundações que construiu, ele guiava os fiéis para questões intelectuais, como, por exemplo, o estudo da natureza da fé. Ele os ensinou a serem mais compreensivos com outras denominações religiosas, pois nenhum padre católico havia dito antes dele um muito obrigado aos anglicanos com tão sincera eloqüência quanto Newman em sua autobiografia espiritual, a *Apologia pro vita sua*.

Ele exerceu grande influência sobre os anglicanos, a quem havia abandonado. Com Keble, Pusey e outros ele os ensinou a terem consciência de sua herança católica — especialmente no que diz respeito aos sacramentos, ao modo de rezar e ao valor da vida religiosa.

Entre 1851 e 1852, ele foi convencido a ser o primeiro chefe da nova universidade católica em Dublin. A aventura fracassou por causa dos bispos irlandeses, e não por alguma falha de Newman. Mas, em decorrência disto, vieram suas conferências sobre "O conceito de Universidade", que ainda é discutido por teóricos acadêmicos num mundo completamente diferente, um século e meio depois. Sua abordagem era impraticável à época e é ainda mais impraticável agora, embora alguns dos escritos sejam insubstituíveis para aqueles que se preocupam com a cultura da humanidade.

Por trás das conquistas, havia a pessoa. Ele tinha um raro senso de si próprio frente a Deus: criador e criatura, cara a cara. Deus — presente no sacramento, na natureza, próximo, transformador e glorioso — estava muito presente para ser debatido. Newman foi acusado erroneamente de pensar que a razão nada tinha que ver com a fé, mas, para ele, Deus simplesmente está lá. Não são os filósofos e, sim, as crianças, consciências simples e obedientes, que conhecem Deus. Nós não podemos dizer às pessoas como procurá-lo. Você encontra Deus e não tem de teorizar sobre sua existência.

Ele era mais enfático sobre a forma com que a consciência é dirigida pelo espírito: "Se sou obrigado a discutir religião nos brindes depois do jantar (o que realmente soa inadequado), eu deveria beber ao papa, sim, mas antes à consciência." Quando jovem ele leu sobre Santo Atanásio que virou um herói em vida. Ele era uma mente solitária, era criticado e até mesmo odiado, mas inabalável em sua defesa da verdade de Deus no mundo.

Ele fundou o Oratório de Birmingham e, mais tarde, sua escola. Quando chegou a Roma como convertido, ele sabia que teria de se unir a uma ordem religiosa, mas a qual? Quando visitou o oratório fundado por São Felipe Néri, em Roma, sentiu que estaria em casa naquela comunidade da forma que havia estado como membro do Oxford College. Lá havia uma tradição de ensino e ele era um acadêmico por formação. Sentiu então uma vocação para a vida solitária e para o isolamento.

Seu jeito era tranqüilo, atuando como ministro na paróquia de Birmingham, ou ensinando na escola, ou escrevendo artigos para periódicos religiosos. Ele só saía da reclusão quando sentia que a igreja necessitava desesperadamente de sua presença, como quando um ex-dominicano contou estórias caluniosas sobre práticas sexuais condenáveis para prejudicar a reputação católica; ou quando Charles Kingsley, que, apesar de sua importância, tinha um costumeiro preconceito anticatólico acusou os padres católicos de não possuírem nenhum senso da verdade; ou quando Gladstone, um ex-primeiro ministro, foi ofendido no Primeiro Concílio do Vaticano e disse que os católicos não estavam ajudando sendo desleais com o Estado. Newman ficou indignado e rebateu as acusações uma a uma. Ninguém podia ser mais devastador contra o preconceito, mas toda esta publicidade não era o ideal de vida que ele queria. Quando o Papa Leão XIII o fez cardeal, o famoso Millais pintou seu retrato nas vestes eclesiais. A pose pareceu constrangedora e ele não acreditava que pudesse ser daquele jeito.

Suas reflexões sobre o caminho da fé sempre causaram satisfação e fortificaram os corações de muitos. *The Dream of Gerontius* é um poema sobre uma alma moribunda frente a seu criador e juiz. Novamente a alma cara a cara com seu criador. Nele, Newman incluiu um hino que se tornou querido em muitos lugares: "Praise to the Holiest in the Height". Outro dos hinos compostos por este amante da música, criador de versos fortes, é um dos favoritos em muitas línguas: "Lead, Kindly Light", poema sincero, penitente, humilde, cheio da percepção do movimento do espírito, que triunfa no final.

■

Owen Chadwick foi professor de História Eclesiástica em Cambridge de 1958 a 1968 e Professor Emérito de História Moderna de 1968 a 1983.

Karl Barth
(1886-1968)

por George Hunsinger

O professor e pastor reformista suíço Karl Barth foi descrito certa vez pelo Papa Pio XII como o teólogo mais importante desde Tomás de Aquino. Levará gerações para que sua enorme contribuição à teologia, à igreja e à cultura seja assimilada e avaliada. Como autor principal de *The Barmen Declaration* ele foi o líder intelectual da "Igreja Confessional" alemã, uma congregação protestante que resistiu a Hitler.

Nunca tendo estudado para um doutorado, Barth, que começou a vida como um pastor de aldeia, fez mais que qualquer outro para revitalizar a teologia no século XX. Entre seus muitos livros, sermões e ensaios, a grandiosa coleção *Church*

Dogmatics, quase racional, eloqüentemente bem argumentada e com quase dez mil páginas, sobressai como sua realização mais importante. Ela nunca foi concluída, como a catedral de Estrasburgo que certa vez ele criticou pela obra inacabada. Apesar de moderno, ele rejeitava o modernismo na teologia. Profundamente tradicional, ele não deixou pedra sobre pedra no que diz respeito ao tradicionalismo. Sem restringir as classificações simplistas por parte da crítica ele desafiou as classificações simplistas. Desde Lutero e Calvino, não houve um teólogo protestante tão prodigioso nas produções e tão ativo nas questões eclesiásticas e políticas do mundo. Desde os primeiros tempos, quando ainda era conhecido como "Pastor Vermelho" por conta de seu envolvimento com organizações de trabalhadores, até sua liderança teológica na Igreja Confessional durante o Terceiro Reich, passando pelo protesto contra o Ocidente pela manutenção da Guerra Fria, e seu crescente antimilitarismo e crítica às armas nucleares, ele foi sempre um intelectual público metido em controvérsias intermináveis. Ele achava que os teólogos deveriam trabalhar com a Bíblia numa das mãos e um jornal na outra.

Durante a última década de sua vida, Barth esteve cada vez mais esperançoso acerca da "surpreendente renovação" da igreja católica, iniciada a partir do Segundo Concílio do Vaticano. "Eu sempre sinto no Catolicismo uma consciência cristã mais forte do que nas igrejas protestantes", ele disse certa vez. Depois de ler *Justification*, de Hans Küng (1957), cujas teses eram compatíveis com os ensinamentos de Barth e do catolicismo, ele afirmou: "Me pareceu algo razoável, que poderia de repente acontecer, de os primeiros tornarem-se os últimos e os últimos, os primeiros. Que, subitamente, em Roma, a doutrina da justificativa pela fé seria proclamada de forma mais pura do que na maioria das igrejas protestantes."

Dentro das tradições calvinistas e agostinianas herdadas por ele, a Doutrina da Predestinação de Barth era notável por ser altamente revisionista. Ele dizia que a predestinação não era um decreto pavoroso de Deus que determinaria o destino eterno da raça humana, separando os "cordeiros" dos "bodes". Ao contrário disto, apoiada na Santíssima Trindade a predestinação era a eterna autodeterminação de Deus em não ser Deus *sem* nós, mas ser Deus *para* nós através de Jesus Cristo. O Deus que ele elegia era o Deus que falava tanto sim quanto não. Sim para a criação; não para o pecado, a maldade e a morte. Em Cristo, cuja morte e ressurreição aconteceram para a nossa salvação, o não é superado pelo sim.

Essa profunda revisão — talvez a maior contribuição de Barth para a história da doutrina — não deveria ter, mas tem, ramificações ao longo de toda a sua teologia. A liberdade de Deus deveria ser retribuída integralmente por uma liberdade humana responsável.

Outro tema notável em Barth era que a doutrina não deveria separar-se da ética, especialmente quando dizia respeito a graves males sociais. "Não é suficiente somente dizer: 'Jesus ressuscitou', e depois ficar calado sobre a guerra do Vietnam." Ele acreditava que ética sem doutrina não era nada, mas doutrina sem ética era pior ainda do que nada. Barth argumentava que na moderna teologia protestante nem a esquerda nem a direita podiam, adequadamente, proclamar a palavra de Deus. Ninguém sabia como sustentar o significado da doutrina simultaneamente à relevância contemporânea. A esquerda preferia a relevância ao significado — o mesmo impasse que Barth observou no século XIX. "Estes dois extremos", ele afirmou, "...são coisas do passado, para mim. Os dois lados deveriam estar progredindo, ao invés de estarem sempre andando para trás."

Barth foi, acima de tudo, um ser humano encantado por Deus. "Teologia é uma disciplina peculiarmente bonita", ele escreveu. "Na verdade, podemos afirmar, confidencialmente, que ela é a mais bonita de todas as disciplinas. Considerar o estudo acadêmico desagradável é a marca dos filisteus. É uma forma extrema de filisteísmo achar a teologia desagradável. O teólogo que trabalha sem satisfação não é um verdadeiro teólogo. Faces envelhecidas, pensamentos lentos e modos tediosos de falar são intoleráveis neste campo."

Com a reputação de pessoa altamente polêmica, sua contagiante felicidade infantil, seu humor autocorrosivo, seu amor por Mozart e sua profunda compreensão das escrituras o tornaram querido para muitos, cujas vidas ele enriqueceu imensamente.

■

George Hunsinger é diretor do Centro de Estudos de Barth, no Seminário Teológico de Princeton.

Papa João XXIII
(1881-1963)

por Richard McBrien

Se João XXIII for considerado o maior papa da história, será uma honra decorrente não somente de suas façanhas pastorais, mas também de sua santidade pessoal. Reunindo uma rara combinação de profunda santidade a uma autoridade sem paralelo, ele usava consistentemente o enorme poder de seu ofício a serviço dos outros.

Nascido Ângelo Roncalli, o quarto de 13 filhos numa família de fazendeiros rústicos, seu único desejo na vida era virar um sacerdote santo, totalmente obediente à vontade de Deus (tanto que seu lema episcopal era "obediência e paz"). Não fosse por um encontro casual com Achille Ratti, o bibliotecário da Biblioteca Ambrosiana em Milão, onde ele estava fazendo uma pesquisa histórica sobre a vida de São Carlos Borromeo, Ângelo Roncalli talvez nunca tivesse saído de sua diocese original em Bergamo.

Ratti tornou-se papa em 1922, adotando o nome de Pio XI, e lançou Roncalli em uma carreira diplomática na igreja que o levou à Bulgária, à Turquia e à Grécia. Lá ele salvou milhares de judeus da deportação e da morte partindo então para Paris como núncio, e finalmente para Veneza como cardeal-arcebispo da cidade. Quase no fim de sua vida, Roncalli entendeu que os anos no leste e na França deram a ele o fôlego cultural e religioso para transcender os limites de sua origem camponesa.

Quando foi eleito para o papado em 28 de outubro de 1958, a menos de um mês de seu aniversário de 77 anos, todos esperavam que ele fosse um papa de transição, que vinha em seguida a um dos mais longos pontificados da história, o de Pio XII. Mas ele provou que as profecias estavam erradas.

Em sua missa de coroação na Basílica de São Pedro a 4 de novembro, dia da festa de São Carlos Borromeo, o cardeal diácono mais antigo, sustentando uma vestimenta de quase um milênio, colocou a tiara imperial na cabeça do novo papa enquanto recitava as antigas palavras rituais: "Saiba que você é o pai de príncipes e reis, pontífice do mundo inteiro e vigário de Cristo na terra." Dada à extraordinária humildade e retração pessoal que João XXIII demonstrou ao mundo quase que imediatamente, toda aquela cena, em retrospecto, não poderia ser mais imprópria.

Desde o início, ele deu sinais de que seria um tipo de papa muito diferente: um servo, mais do que um soberano; um pastor, mais do que um nobre; um padre, mais do que um prelado. Ele deu o tom fundamental de seu pontificado na homilia da missa que, contrariando a tradição, ele mesmo rezou. Ele podia não ser "o pai de príncipes e reis", mas era um bom pastor, nos moldes do próprio Jesus Cristo.

Em seu primeiro natal como papa, ele reviveu o costume da visitação aos doentes, inclusive a um hospital de crianças. No dia seguinte, ele foi à Penitenciária Regina Coeli, onde recordou a prisão de um parente seu. "Vocês não podem ir me visitar; logo, eu vim ver vocês!", ele disse aos prisioneiros. Depois disso, ele fez aparições freqüentes em paróquias locais, asilos de idosos, hospitais, escolas e instituições de caridade. Na quinta-feira santa da primavera seguinte, ele reviveu o costume de lavar os pés de selecionados membros da congregação, e na sexta-feira da paixão ele seguiu a procissão da via-sacra. Mais do que qualquer outro papa dos tempos antigos, ele reconheceu que era, mais do que tudo, um pastor, o bispo de Roma.

A grande conquista pessoal de João XXIII foi, com certeza, a organização do Segundo Concílio do Vaticano em 1962. Embora convencido de que a igreja precisava de um *aggiornamento*, ou modernização, seus detalhes ainda não estavam claros em sua mente até seu celebrado discurso de abertura do concílio, em 11 de outubro de 1962. Aquele não seria um concílio para censurar e condenar os heréticos e dissidentes, mas para promover a solidariedade humana pela difusão da "plenitude da caridade cristã". Ele e seu concílio lançaram o restabelecimento do humanismo católico.

João provou a si mesmo que teria de ser um líder perspicaz e politicamente astuto e, ao mesmo tempo, um pastor bondoso e gentil. Ele moldou a direção do concílio intervindo em pontos cruciais na primeira sessão, posicionando-se claramente sobre a crise dos mísseis de Cuba, proporcionando ao premier Nikita Krushchev uma oportunidade de retroceder no conflito e colocando em discussão sua "última vontade e testamento" na audaciosa e esperada encíclica *Pacem in Terris*.

Antes do final do ano, entretanto, ele recebeu o diagnóstico de um câncer no estômago em estado avançado. Alguns meses mais tarde, enquanto jazia em seus aposentos papais, a mídia transmitiu um contínuo fluxo de mensagens vindas de seu leito de morte, dirigidas a vários segmentos da comunidade humana, incluindo orações àqueles que, como ele, eram afligidos de alguma doença ou sofrimento. Quando sua morte foi anunciada, em 3 de junho de 1963, o mundo sentiu-se unido em uma solidariedade sem precedentes — semelhante àquela que ele tanto se esforçou para promover. Num século marcado por tanta opressão e violência contra a humanidade, o Papa João XXIII se manteve como uma luminosa personificação de ternura, tolerância, inclusão, gentileza, humildade, paciência e de um amor simples e sem adornos — características próprias de um santo.

Poucos meses depois de sua morte, um *tour* de língua inglesa, liderado por uma guia italiana, parou rapidamente em sua sepultura na cripta de São Pedro. Falando um inglês com sotaque acentuado, ela indicou a seus acompanhantes "a sepultura do Papa João XXIII, o papa mais querido de toda história".

■

Richard McBrien é Professor de Teologia da fundação Crowley-O'Brien-Walter na Universidade de Notre Dame.

Swami Abhishiktananda
(1910-1973)

por Michael Barnes

Se é verdade que o Segundo Concílio do Vaticano marcou o início do que Karl Rahner chamou de uma genuína "igreja mundial", então, um de seus apóstolos mais efetivos foi um monge francês chamado Henri le Saux. Mais conhecido por seu nome hindu, Swami Abhishiktananda (literalmente, "alegria do homem sagrado"), le Saux será lembrado como o santo padroeiro do diálogo interconfessional. Ele procurou imergir totalmente no mundo espiritual do hinduísmo enquanto permanecia fiel, algumas vezes a um enorme custo pessoal, a Cristo e sua igreja.

Nasceu em 1910 na cidade de St. Briac, na Bretanha, em uma família devota do catolicismo convencional, e tornou-se monge beneditino aos 19 anos. Em 1950, ele realizou o sonho de ir para a Índia, onde, junto a um padre diocesano de Lion chamado Jules Monchanin, ele fundou o Shantivanam ashram, em Tamil Nadu, sul da Índia. Ele foi, portanto, o predecessor de outro extraordinário monge missionário europeu chamado Bede Griffiths que tornou Shantivanam, "a rotina da paz", no mais famoso centro de peregrinação interconfessional do mundo.

É um erro, entretanto, usar o termo "missionários" para designar estes "santos de Shantivanam". Nenhum deles queria ser um missionário no sentido convencional. Eles foram para a Índia, cada um a seu modo, convencidos de que Deus os estava convocando a viver uma vida de orações meditativas no coração de uma cultura profundamente religiosa.

Monchanin, um teólogo brilhante e amigo íntimo de Henri de Lubac, morreu em 1957 sem nunca ter visto realizado seu sonho de uma nova igreja transformada pelo espírito da Índia. Bede Griffiths mudou-se para Shantivanam em 1968, justamente quando as reformas implantadas pelo Segundo Concílio do Vaticano estavam começando a dar frutos. Alguns anos antes, Abhishiktananda havia iniciado uma vida de reclusão no Himalaia onde viveu até dezembro de 1973, quando sofreu um enfarto repentino. Monchanin era considerado "o inverno de Shantivanam", Abhishiktananda era "a primavera" e Bede, "o verão". A imagem ajusta bem a Abhishiktananda. Enquanto Monchanin era conhecido por uma visão teológica austera e Bede por sua hospitalidade calorosa, Abhishiktananda era um enérgico explorador, totalmente submetido a um compromisso cada vez mais sério com as riquezas do hinduísmo clássico.

O evento seminal em sua vida foi o encontro com um homem sagrado hindu, Ramana Maharshi, logo assim que ele chegou à Índia. Ele ficou perplexo com a santidade de Ramana e com o fato de não haver nele "nenhuma fagulha de cristianismo". Aquela foi a mais vívida experiência de Abhishiktananda acerca do caráter absolutamente misterioso de Deus, que nenhuma língua seria capaz de exaurir. Ramana foi influente no resto de sua vida.

Seu legado foi dobrado. Ele é uma figura chave na história da igreja católica na Índia pós-concílio. E, mesmo antes do Segundo Concílio do Vaticano, Monchanin e Abhishiktananda já haviam introduzido muitos aspectos da cultura e prática hindus em seus hábitos diários de vida e oração no *ashram**. Eles asseguraram o uso de escrituras hindus nas cerimônias religiosas cristãs. Mas, como Monchanin, Abhishiktananda insistia em que a prática da oração devia ser combinada com o estudo. Incansável em seu estímulo à teologia e à espiritualidade hindus ele também produziu uma enorme correspondência, conservada graças aos esforços de amigos como Raimon Panikkar e James Stuart, que nos conta a história de uma vida de constante empenho para entender os caminhos de um Deus desconhecido em sua terra de adoção.

Ele será mais lembrado, entretanto, pelo poder e pela clareza de seus escritos. Livros e artigos inumeráveis dão testemunho de sua paixão em explorar "a missão privilegiada" que,

---

*Lugar sagrado de orações. (*N. da T.*)

segundo ele, a Índia recebeu de Deus. Em certo ponto, ele sustentou que o bíblico "mistério do silêncio e da escuridão que Jesus nos revelou como sendo a alma do pai", e o inteligente simbolismo do "intocado e indivisível Brahmam", descoberto na "caverna do coração", são provavelmente "o mesmo mistério". Monchanin escrevia com uma escrupulosa consciência dos limites da teologia; Abhishiktananda, por outro lado, oscilava violentamente entre diferentes idéias e conceitos, e fracas tentativas de explicar seus relacionamentos problemáticos. Consistência não era seu ponto forte. Mas, diferentemente do esforçado Monchanin, seu objetivo nunca foi produzir tratados refinados. Sua experiência com Ramana Maharshi o ensinou a se render incondicionalmente a Deus, a quem ele reconhecia tão presente na Bíblia quanto nos antigos hinos dos profetas védicos ou *rishis**. Ele quis expressar sua convicção de que o hinduísmo e o cristianismo só se encontram quando as pessoas praticam a *moksa*, ou o despertar interior, descrito nos *Upanishads***.

Talvez seu melhor trabalho seja um livrinho chamado, simplesmente, *Prayer*. Ele começa com uma tradição das escrituras: a oração de Jesus para o Pai e a insistência constante de que "rezar é somente acreditar que nós vivemos no mistério de Deus". E termina, após um maravilhoso, mas nunca opressivo, diálogo com as técnicas yogues; com os textos *upanishadics*; com o *bhakti* devocionista; e com o mistério do OM, o mantra sagrado hindu, associando tudo ao mistério da

---

*Homens sábios. (*N. da T.*)
**Parte conclusiva dos *Vedas*; fundamento da filosofia *Vedanta*. (*N. da T.*)

santíssima trindade. "ABBA é o mistério do Filho", ele diz, "OM é o mistério do Espírito. Mas, conclusivamente, não há um nome para o Pai, pois este nunca poderá ser conhecido. Ele só é conhecido por meio de suas manifestações no Filho e no Espírito Santo. O Pai é a última e quarta parte do OM, com seu silêncio puro."

■

Michael Barnes é um padre jesuíta que ensina teologia das religiões em Heythrop College, na Universidade de Londres.

Charles de Foucauld
(1858-1916)

por Ian Latham e Pam Ware

Charles de Foucauld queria ser o amigo e irmão de todos. No Saara, ele seguiu muçulmanos e outros, não para pregar para eles, mas para estar com eles como uma presença de Jesus. Ele sonhava com pequenas comunidades de irmãozinhos e irmãzinhas que viveriam como "Jesus em Nazaré", adorando a Jesus como ele imaginava que Maria e José, trabalhadores pobres como seus vizinhos, haviam feito.

Ninguém nunca se juntou a ele. A única companhia que ele quase conseguiu atrair ao Saara foi Louis Massignon, que hesitou e acabou preferindo se casar. Nascido em Estrasburgo, em 1858, Charles foi um órfão e um aristocrata francês. Perdendo toda sua fé aos 15 anos, ele escolheu servir o exército e, procurando a felicidade em loucas extravagâncias, preferiu servir na Argélia e no Marrocos sem pensar nos riscos para sua vida. Lá, a devoção dos muçulmanos o trouxe de volta a sua própria fé. O modo como reverenciavam o Alcorão o conduziu daquele livro sagrado às escrituras. Em sua volta à França, ele começou a procurar por Deus. Suas orações foram ouvidas e ele foi "capturado" por seu "amado Irmão e Senhor Jesus". O tesouro foi encontrado, mas ele levou o resto de sua vida explorando seu conteúdo.

Ele abriu mão de seus bens, que eram sua passagem de primeira-classe pela vida, para ser como Jesus. Seu ascetismo penitencial foi heróico, embora ele o cumprisse quando podia. Durante um tempo, foi um monge trapista e, como tal, ele desenvolveu a disciplina da oração em comunidade e ainda encontrou tempo e espaço para refletir. Quem foi esse "Jesus"? A personificação humana do amor de Deus ("nossa religião é só amor"), Jesus era o "homem de Nazaré", o "carpinteiro e filho de Maria", o "pobre homem... um de nós". Na verdade, ele concluiu, Jesus é "Deus, o trabalhador de Nazaré". Os trinta anos de vida de Jesus em Nazaré e sua identidade na vida como "Nazareno" atingiam Charles com uma força cada vez maior.

Ele descobriu que Deus havia escolhido se envolver com sua gente, não com os ricos, mas com os pobres, aqueles sem nome ou *status* ("O que de bom poderia surgir em Nazaré?").

Mas onde está este Jesus? Como monge trapista na Síria, Charles foi visitar uma família armênia: de repente ele viu a imagem viva da família e da posição social de Jesus. Ele pediu, então, para deixar os trapistas e transferir-se para Nazaré, onde viveu fazendo biscates para as Claras Pobres.

Aos 43 anos, Charles de Foucauld sentiu-se convocado para iniciar uma missão com o povo do Saara. Tendo pedido ajuda a soldados amigos, ele se estabeleceu perto da fronteira do Marrocos, em Beni Abbés, um oásis ocupado por tropas. Lá ele construiu uma cabana de barro e troncos de palmeiras, uma capela com piso de areia, alguns pequenos aposentos e um pátio. Era para ser um local de "adoração" e "hospitalidade". Ele o chamou de *Khaoua* ou "a Fraternidade", e escreveu: "Louvado seja Deus que eu possa ser um verdadeiro irmão universal, um irmão para cada um e para todos nesta parte do país, sejam eles cristãos, muçulmanos, judeus ou pagãos." Ele recebia de sessenta a cem visitantes por dia: escravos, trabalhadores pobres, soldados, viajantes. A necessidade das pessoas as conduzia a ele. E havia pressão para que ele encontrasse tempo para a missa e para suas longas orações habituais. As crianças adoravam brincar com ele e, em homenagem a seu sorriso desdentado e radiante, apelidaram uma montanha escarpada de "Mandíbula de Marabout" (Marabout significa "homem sagrado").

Ele amava a silenciosa vastidão do deserto e tinha disposição para permanecer por lá, mas foram as pessoas que o atraíram para lá. Ele era conhecido por sua amizade e bem-vindo por sua generosidade e seu senso de justiça. Por isto ele foi aceito pelos Tuaregues nômades de Tamanrasset. Lá ele encontrou um lugar onde podia descansar sem aquela obsessão que o movia em sua busca pessoal por "Nazaré". A maioria de seus trabalhos em Tamanrasset foi de cunho lingüístico e antropológico — registrando o vocabulário, as histórias e a cultura tuaregue — embora ele fosse especializado em amizade sincera e boa vizinhança, especialmente depois que os tuaregues salvaram sua vida quando ele ficou doente. Ali ele alcançou uma reciprocidade genuína.

A guerra estourou na Europa e as rebeliões contra os colonialistas franceses começaram no Saara. Charles recusou-se a abandonar seus vizinhos tuaregues, apesar de consciente do grande perigo, e foi assassinado em 1º. de dezembro de 1916. Depois de sua morte, um chefe local escreveu para sua irmã: "Charles, nosso amigo Marabout, não morreu somente por todos vocês, ele morreu também por nós. Que Deus tenha compaixão por ele para que possamos nos encontrar no paraíso."

Seu legado é vivido atualmente por pequenos grupos de pessoas leigas, por fraternidade de padres diocesanos e por várias comunidades religiosas, incluindo os Pequenos Irmãos e as Pequenas Irmãs de Jesus. Estes compartilham sua vida com os mais pobres nas esquinas mais longínquas do mundo. Para aqueles em cuja vida não há nada, a esperança na promessa de Jesus continua de pé: um grão, quando cai, dá frutos.

∎

Ian Latham, membro dos Pequenos Irmãos de Jesus, mora numa comunidade em Peckham, ao sul de Londres. Pam Ware trabalha no gabinete da justiça social na Conferência dos Religiosos, na Inglaterra e no País de Gales.

Edith Stein
(1891-1942)

por Eugene Fisher

Irmã Teresa Benedita da Cruz, ou Edith Stein, nasceu judia, em 1891, em Breslau. Morreu como judia em 1942, uma das seis milhões de pessoas de seu povo sistematicamente perseguidas e mortas pelos nazistas. Por vinte anos de sua curta vida, de 1922 até sua morte em Auschwitz em 1942, Edith Stein foi uma católica devotada, e nos últimos dez anos, uma freira carmelita. Stein é a única santa padroeira católica da Europa do século XX — o século mais sangrento da história humana — um símbolo dos maiores anseios do século e a resistência espiritual para suas terríveis explosões de maldade. Ela disse para Rosa, sua irmã, quando foram levadas pelos nazistas do convento na Holanda onde procuraram refúgio depois de escapar da Alemanha: "Venha, nós estamos indo pelo nosso povo." Estas últimas palavras da santa foram interpretadas de várias formas, mas não se pode negar que elas foram ditas com um amor persistente pelo seu povo, os judeus, e uma consciência submissa de que ela estava para morrer entre as pessoas que amava.

Stein deveria receber o merecido título de Doutora da Igreja, tornando-se uma das poucas mulheres a portá-lo. Seus trabalhos filosóficos, orientados por seu mentor Edmund Husserl, foram amplamente traduzidos e divulgados por toda a Europa durante a sua vida, da mesma forma que seus posteriores trabalhos teológicos que empregavam modernas e categóricas teorias próprias. Ironicamente, por causa de sua situação de judia numa Alemanha pré-guerra, ela nunca foi capaz de conquistar um espaço acadêmico condizente com seus talentos. Mas isto não fez com que ela parasse de escrever, de publicar e de ensinar, incansavelmente.

Um dos estudiosos de sua obra, tanto como seminarista na Polônia durante a ocupação nazista, quanto como professor de filosofia, foi o jovem Karol Wojtyla, que se tornou mais tarde o Papa João Paulo II. Stein poderá muito bem ser vista nos séculos que virão como um dos principais pivôs do pensamento católico na história da igreja. A iniciativa de unir fé e razão em resposta à modernidade foi, sem dúvida, uma tentativa rara no decorrer dos séculos. O primeiro movimento nesse sentido ocorreu na era patrística, e o segundo foi a grande síntese medieval compendiada por Aquino. O século XX presenciou o terceiro movimento, e Edith Stein estava no centro dele (junto, obviamente, com inúmeros outros).

Stein foi criada como judia ortodoxa. Seu livro, *Life in a Jewish Family*, escrito para contar o clima crescente de anti-semitismo na Alemanha da década de 1930, mostra seu respeito e amor contínuos pela tradição em que cresceu, mesmo após sua conversão ao Catolicismo. Antes de sua conversão, entretanto, Stein havia sido, por algum tempo, uma atéia convicta, reflexo de sua experiência na universidade. O que lhe devolveu a fé em Deus foi o modo como uma família de amigos, católicos devotos, lidou com a perda de um ente querido. Na casa deles, no período de luto, aconteceu de ela ver o livro autobiográfico, *Vida*, de Teresa de Ávila. "Comecei a ler", ela escreveu, "e fui imediatamente envolvida, e não parei até terminar. Quando fechei o livro, eu disse a mim mesma: esta é a verdade."

Edith Stein, antes e depois de sua conversão ao catolicismo, foi uma feminista. Ela escrevia com determinação em favor da igualdade entre homens e mulheres, antecipando-se à lei, e sem censura, mas defendeu uma teologia de "complementaridade" entre os sexos, reconhecendo e, mesmo, revelando as diferenças de suas naturezas e papéis no destino da humanidade. Ela lutou pelo direito de ordenação das mulheres, mas rejeitava a idéia de que eqüidade significava identidade.

A comunidade judaica registrou sua compreensível preocupação com o fato de a Igreja Católica haver canonizado uma judia convertida ao Catolicismo, fato tão raro do qual eu, pessoalmente, não conheço precedente. Seria uma tentativa dos católicos de "cooptar" o Holocausto, transformando-o numa ocorrência católica, mais do que num evento judeu? Ou seria um modo de convencer os católicos de que os únicos judeus bons são os convertidos, e que um esforço missionário organizado poderia ser lançado pelos quase um bilhão de católicos do mundo contra os 15 milhões de judeus? A resposta a ambas as perguntas, obviamente, é um ressonante "não!". O Catolicismo assegura e apóia a liberdade religiosa, e respeita a fé dos judeus como uma resposta à divina revelação. A conversão de Edith Stein foi um evento precioso e singular.

Em seu caminho para Auschwitz e para a morte, ela escreveu uma última comunicação a sua prioresa. "Querida Madre, estou conformada com tudo", ela começou. E então, referindo-se ao livro que ela estava escrevendo, *The Science of the Cross*, ela continuou: "Ninguém pode obter a *scientia crucis* a menos que tenha sido feito para sentir a cruz, na profundidade de seu ser. Desde o primeiro momento, eu estava convencida disto e eu disse: '*Ave crux, spes unica!*' ('Salve cruz, nossa única esperança)."

■

Eugene Fisher é diretor associado do secretariado para problemas ecumênicos e inter-religiosos da Conferência de Bispos Católicos Americanos.

Dorothy Day
(1897-1980)

por Robert Ellsberg

Em sua autobiografia, *The Long Loneliness*, Dorothy Day descreve seu primeiro contato, na infância, com a vida dos santos. Ela recorda como seu coração ficou agitado pelas histórias da caridade deles com os doentes, os mutilados e os leprosos. "Mas ainda há uma dúvida em minha mente", ela escreveu. "Por que se faz tanto esforço para remediar o mal em vez de tentar evitá-lo?... Onde estão os santos que não tentam mudar a ordem social e, em vez de proteger os escravos, não acabam logo com a escravidão?"

Realmente, a vocação de Dorothy tomou forma a partir de tal desafio. Sua conversão ao Catolicismo e seu trabalho de fundação do Movimento Católico de Trabalhadores viria muitos anos depois. A tarefa fundamental de sua vida, no entanto, foi unir o que Péguy chamou de "o místico e o político". Muito antes de a Teologia da Libertação falar em alternativas para os pobres, Dorothy sentiu que isto não seria suficiente para alimentá-los. A fé cristã demandava solidariedade efetiva aos oprimidos e um compromisso de se manter contra as estruturas responsáveis por tanta miséria.

Existem outros profetas cristãos cuja fé os impeliu a ações radicais. No caso de Dorothy, sua compaixão pelos pobres e sua paixão pela justiça social vieram primeiro, e somente mais tarde a levaram para a igreja. Este era um caminho incomum para a conversão na década de 1920, época em que a igreja era amplamente considerada um baluarte do conservadorismo. Ela passou a juventude trabalhando para vários jornais radicais da cidade de Nova York. Seus amigos eram comunistas, anarquistas e outros rebeldes culturais. Entretanto, sempre houve em Dorothy Day um anseio pelo transcendental que a distinguia de seus companheiros. Um deles disse certa vez que ela era muito "religiosa" para ser comunista. Como ela analisou depois, usando palavras de um personagem de Dostoievski: "Por toda a vida eu tenho sido assombrada por Deus."

Foi uma gravidez inesperada que marcou a grande mudança em sua vida. Alguns anos antes, ao fim de um relacionamento amoroso infeliz, ela havia feito um aborto. Embora nunca tenha falado publicamente sobre este assunto, seu evidente remorso pode explicar por quê, tempos depois, quando estava morando em Staten Island com um homem que ela amava profundamente, a descoberta de estar novamente grávida desencadeou este sentimento de graça. Ela sentiu uma gratidão tão grande que só poderia ser dirigida a Deus. Muito antes, ela já desejava ver seu filho batizado na Igreja Católica, o que ela logo fez, embora isto significasse uma dolorosa separação de seu marido. Isto também pareceria, a princípio, uma traição aos trabalhadores e à causa da justiça social. Por cinco anos ela amargou, esperando encontrar um modo de reconciliar sua fé com seu compromisso com os pobres, resumidamente, em suas palavras, "reconciliar o corpo e a alma, este mundo e o outro".

A solução veio quando foi apresentada a Peter Maurin, um rústico filósofo francês itinerante. Inspirada por ele, ela fundou o *Catholic Worker*, em 1933, inicialmente um jornal e eventualmente um movimento dedicado a preservar as implicações sociais radicais da palavra de Deus. Ela e os Trabalhadores Católicos mantiveram sua fé em meio a uma pobreza voluntária, morando em comunidades com os miseráveis, praticando trabalhos misericordiosos, mas também prestando testemunho contra um sistema que valorizava mais a propriedade do que as pessoas.

Em vista das necessidades gritantes da Grande Depressão, seu testemunho, de início, atraiu um apoio entusiasmado. Alguns viram o *Catholic Worker* como uma resposta católica ao comunismo. Mais tarde, quando seu radicalismo e suas convicções pacifistas tornaram-se aparentes, ela foi relegada à marginalidade profética da igreja. E lá permaneceu pela maior parte de sua vida — servindo aos pobres calmamente, indo para a cadeia periodicamente por seus protestos contra a guerra e a injustiça — até o final dos anos 60, quando sua marca de determinação em favor da paz começou a atrair audiência. Em 1980, quando morreu aos 83 anos, ela era altamente considerada a consciência da igreja católica americana.

Por toda sua vida muitas pessoas irritaram Dorothy chamando-a de santa. "Quando eles chamam você de santa", ela dizia, "significa, basicamente, que você não é para ser levada a sério." Agora, os bispos americanos, encorajados pelo difundido apoio a sua causa, resolveram apresentá-la em Roma. Alguns consideram que demorou muito tempo para compreenderem o paradoxo fundamental de sua vida — sua habilidade para integrar um estilo muito tradicional de devoção católica a um estilo radical de compromisso social. Era uma combinação que confundia tanto os admiradores do conservadorismo quanto os do liberalismo.

Não havia paradoxo em seus olhos. Sua fé e sua experiência eram igualmente enraizadas nas implicações radicais da encarnação — no fato de que Deus entrou em nosso corpo e em nossa história e, por conseguinte, o que fazemos ao nosso próximo, fazemos diretamente a ele. Justamente por isto ela não via nenhuma contradição entre amar a igreja e suportar seus pecados e falhas. Em uma época de grande polarização na igreja, seu exemplo neste assunto pode ter sido um de seus maiores legados. Finalmente, como todos os grandes santos, ela tinha sua própria forma de santidade, articulada tanto com a palavra de Deus quanto com os desafios particulares de seu tempo.

■

Robert Ellsberg é editor de Dorothy Day: Selected Writings.

Simone Weil
(1909-1943)

por David McLellan

Simone Weil, mística e filósofa francesa, foi chamada de "santa padroeira de todos os excluídos". Realmente, ela decidiu manter-se à parte da igreja cristã, apesar de uma série de vívidas experiências de conversão. E suas próprias restrições ao cristianismo, uma vez que elas surgiram de um amor profundo e de uma fidelidade ao Evangelho cristão, estão entre as mais desafiadoras na vida de qualquer pensador.

Nasceu em Paris, em 1909, e morreu solitária, em um sanatório em Ashford, Kent, em 1943, aos 44 anos. Ela publicou poucos artigos e só era conhecida de um pequeno grupo de amigos. Alguns a consideram a maior filósofa espiritual que o Ocidente produziu no século passado. Outros, ao contrário, consideram seu trabalho até mesmo repugnante. Certamente poucas vidas envolvem tantos paradoxos quanto a sua. Nascida numa abastada família burguesa, ela tornou-se uma defensora fanática do proletariado; uma pacifista, que lutou na guerra civil espanhola; uma judia atraída para o cristianismo que se recusou a juntar-se à igreja por sua fidelidade ao Antigo Testamento. Ela escreveu muito — e lindamente — sobre o amor, mas desdenhava qualquer contato físico com seus companheiros; suas previsões sobre a vida e a política eram sombrias, até mesmo pessimistas, mas ela estava sempre pronta a propagar projetos utópicos para a reforma da sociedade. Finalmente, ela renunciou a seu esplêndido dom ao recusar a própria existência, contribuindo em parte para sua morte por desnutrição auto-infligida, um ato de solidariedade com seus concidadãos na França ocupada.

Simone Weil foi uma das estudantes mais inteligentes de sua geração. Simone de Beauvoir, Jean-Paul Sartre, Claude Levi-Strauss eram seus pares contemporâneos. Como eles, ela tornou-se professora de filosofia no Liceu. Ao contrário deles, e usando literalmente os ideais de justiça e igualdade nos quais ela foi educada, envolveu-se apaixonadamente com a política e passou um ano trabalhando na fábrica da Renault em Paris. Quando a guerra irrompeu, ela foi destituída de seu posto de professora pelas leis antisemitas do governo Vichy. Ansiando por se juntar às Forças Francesas de Resistência em Londres, ela mudou-se com seus pais para o sul, em Marselha, rumo ao norte da África. da América e da Inglaterra. Foi em Marselha que ela escreveu seu famoso *Notebooks*, que se tornou a base de sua posterior reputação. Suas idéias eram experimentais e ilimitadas, inquiridoras, profundas e, conseqüentemente, o exato oposto da sistematização. Particularmente ela desejava vincular sua concepção de cristandade, que se relacionava mais com a crucificação do que com a ressurreição, a duas tradições à primeira vista muito diferentes. O rico manancial da espiritualidade mediterrânea, cuja figura central foram as idéias de Pitágoras e a filosofia grega, particularmente, de Platão; e a ênfase hinduísta na natureza impessoal da divindade e sua preferência pela idéia da estabilidade à do progresso.

No verão de 1942, Simone Weil finalmente comprou sua passagem para Nova York. Seis meses depois, ela cruzou novamente o Atlântico para se juntar à Resistência Francesa em Londres. Nos poucos meses que lhe restaram, ela escreveu um trabalho intitulado *The Need for Roots*, que representa o resumo final de suas idéias, recapitulando seus temas favoritos: sua antipatia por Roma e Israel por seu senso de destinação especial e pelo uso da força bruta; sua admiração pelos gregos; o domínio exercido pela ciência e admitido, erroneamente, pela sociedade contemporânea; sua conexão determinada entre arte e literatura e os valores morais; os partidos de centro defendendo o trabalho físico; sua relutância em aceitar instituições políticas, mesmo democráticas, como sendo os principais legitimadores da distribuição de poder; sua consciência do perigo de qualquer atividade coletiva; e sua insistência de que a liberdade e a igualdade genuínas só podem ser fundadas com referência em outros valores já existentes. Como ela ressalta: para ser sempre relevante, você tem de dizer coisas que serão eternas.

Por toda a sua vida desarraigada, Simone Weil permaneceu como uma pessoa excluída, sem comprometimento, recusando-se a submeter sua individualidade a qualquer autoridade coletiva. O centro de seus pensamentos e de sua vida foi uma busca constante pela perfeição e um contínuo desapontamento. E foi este descontentamento inesgotável que produziu a brilhante fragmentação de seus trabalhos que iluminaram tantas áreas da condição humana. Para ela, a meditação não era uma forma de fugir a um mundo nauseante, mas de ver o mundo em uma perspectiva diferente e mais verdadeira e, acima de tudo, de desenvolver um olhar e um escutar acurado para os vestígios de Deus em toda atividade e experiência humana.

Suas críticas afiadas, com seu individualismo forte e sua profunda simpatia pelos excluídos, conseguiram indispor Simone tanto com a esquerda, quanto com a direita, e também com a maioria das religiões ortodoxas. Mas, quer pensemos nela como uma santa do século XX, quer a condenemos como uma sonhadora egoísta, poucos podem se recusar a admitir que sua vida propôs muitos desafios a nossos próprios preconceitos, e a concordar que ela possuía um instinto infalível para ir direto ao coração dos problemas do nosso tempo.

■

David McLellan é professor visitante de teoria política no Goldsmith College, em Londres, e autor de Simone Weil: Utopian Pessimist.

Dietrich Bonhoeffer
(1906-1945)

por Edwin Robertson

"Eu nunca tinha visto um homem morrer tão submisso à vontade de Deus", escreveu um médico da SS sobre os últimos momentos de vida do pastor Dietrich Bonhoeffer, enforcado em 1945 por fazer parte de um atentado a bomba contra Hitler. Suas últimas palavras foram para seu amigo bispo George Bell, de Chichester: "Este é o fim... mas para mim é o início da vida."

Os ousados conceitos contidos nas cartas que Bonhoeffer escreveu em seus dois últimos anos na prisão influenciaram profundamente a teologia do Ocidente e do Terceiro Mundo. Desde muito cedo, ele foi um teólogo brilhante, mas desviou-se dos trabalhos acadêmicos para se ocupar dos trabalhos pastorais na Igreja da Antiga União Prussiana.

Durante seus anos de estudo, ele conheceu um amigável padre católico que se ofereceu para guiá-lo através da liturgia da Semana Santa nas várias igrejas de Roma. Ele nunca se esqueceu dessa contundente experiência espiritual. Ela deu início a um processo que o conduziu, com segurança, através da selva de debates teológicos vividos tempos depois em Berlim e Nova York.

Ele se opôs ao Nazismo desde o início. Dois dias depois de Hitler subir ao poder em 1933, ele atacou os princípios da liderança em um programa de rádio que foi tirado do ar. Meses mais tarde, ele faz circular um panfleto condenando o tratamento que os nazistas davam aos judeus e refutando a forma com que as autoridades estavam recorrendo ao anti-semitismo luterano numa tentativa de justificar seus atos.

Ele escapou do aprisionamento aceitando a responsabilidade por duas congregações de língua alemã em Londres. Enquanto esteve lá, fez com que a igreja mundial tomasse conhecimento do que realmente estava acontecendo na Alemanha. Por intermédio do Bispo Bell, presidente da Aliança Mundial, que mais tarde se tornou o Conselho Mundial de Igrejas, ele criou um movimento ecumênico para apoiar aqueles que, na Alemanha, faziam resistência à interferência nazista na igreja.

Em 1939, ele recusou a segurança de um convite para lecionar na América e retornou à Alemanha, onde foi proibido de pregar e de divulgar ou presidir assembléias. Bonhoeffer manteve claramente suas opiniões ao responder uma carta ao teólogo luterano alemão Reinhold Niebuhr, dizendo: "Os cristãos na Alemanha estão tendo de encarar a terrível alternativa de torcer pela destruição de sua nação para que a civilização cristã possa sobreviver, ou de torcer pela vitória de sua nação e, conseqüentemente, destruir a nossa civilização. Eu sei qual destas alternativas eu tenho de escolher, mas eu não posso fazer esta escolha em segurança."

Em seu retorno à Alemanha, ele conduziu um seminário ilegal de jovens teólogos que estavam destinados a serem líderes das paróquias contrárias à perversidade nazista com a fé cristã. A princípio, eles se encontravam em uma escola bíblica nas praias do litoral Báltico, depois em Finkenwalde, perto de Stettin, que era mais satisfatório, apesar de as condições de lá também serem primitivas. O seminário, por fim, foi fechado pela Gestapo.

No monastério beneditino em Ettal, na Bavária, Bonhoeffer trabalhou esboçando um novo conjunto de atitudes éticas. Seus escritos, particularmente o *The Cost of Discipleship*, procuravam encontrar uma nova abordagem ética em um mundo dominado por uma maldade incomensurável que surgia com os ditadores. Seu trabalho mais importante foi um livro inacabado, publicado na Inglaterra, intitulado, simplesmente, *Ética*. Nele, Bonhoeffer honra, mas desafia, o velho sistema da civilização cristã e procura reconstruir um método de "estar em conformidade com Cristo".

Juntou-se, então, à conspiração contra o regime nazista, encontrando o Bispo de Chichester na Suécia neutra para discutirem a derrubada e o possível assassinato de Hitler, e a conclusão dos termos de paz com os ingleses. Foi um passo extraordinário para um ministro luterano. Ele falou até mesmo em sacrificar sua dignidade. Foi preso e passou os últimos dois anos de sua vida na prisão, antes de ser executado em 9 de abril de 1945. Pouco antes de sua prisão ele ficou noivo de Maria von Wedermeyer. Ela marcou com giz o contorno de sua cela no chão de seu quarto, para que pudesse escrever para ele como se ela estivesse com ele.

As cartas que ele escreveu para seu amigo Eberhard Bethge foram publicadas naqueles últimos dois anos traduzidas para o inglês com o título de *Letters and Papers from Prison*. Ele especulava sobre a possibilidade de um "cristianismo sem religião", por conta do desgosto com a sua própria igreja que fracassou na oposição ao mal do Socialismo Nacional. Ele acusava seus líderes de só estarem preocupados com a preservação da igreja "como se isto, por si só, fosse um fim". Ele escreveu sobre a "maturidade" da humanidade e a necessidade de uma "santidade leiga".

Ele via que a traição da fé na Alemanha havia feito com que a igreja se tornasse incapaz de, naquele momento, proclamar as palavras de redenção e salvação. Todas as atividades estavam confinadas à oração e ao fato de agir corretamente. Ele acreditava, porém, que viria o tempo em que "os homens seriam novamente chamados para proferir a palavra de Deus, de forma que o mundo seria mudado e renovado por ela. Seria uma nova linguagem, quem sabe até uma linguagem não religiosa, mas libertadora e redentora... seria a linguagem de uma nova atitude e da verdade".

O que será, exatamente, que ele quis dizer com "cristandade não religiosa"? Talvez nem ele soubesse. Mas, em mais de cinqüenta anos nós não fomos capazes de sacudir a poeira e esquecer desse homem e das questões que ele propôs.

■

Edwin Robertson é ministro da Igreja Batista de Heath Street, em Hampstead, Londres. Ele tem escrito extensivamente sobre Dietrich Bonhoeffer.

Madre Teresa de Calcutá
(1910-1997)

por Kathryn Spink

Madre Teresa dedicou sua vida a atender ao Cristo que no Evangelho de São Mateus (25:35-45) identificou-se com os últimos de seus irmãos: aqueles que têm fome, não somente de pão, mas também de amor; aqueles que estão despidos, precisando não somente de roupas, mas de compaixão; aqueles que não têm teto, não porque lhes falte um abrigo, mas porque "eles não têm nada que possam chamar de seu".

Nascida em Skopje, de pais albaneses, aos 12 anos Agnes Bojaxhiu ouviu o chamado para ser missionária. Em 1946, depois de 18 anos ensinando com as Irmãs Loreto na Índia, um "outro chamado" transformou aquela vocação num comprometimento para servir a Cristo junto aos "mais pobres dos pobres", enquanto vivia entre eles. O objetivo maior da congregação que ela fundou logo em seguida era "saciar a sede de amor e de almas que Cristo tinha na cruz".

Controvertida, particularmente para as mentes ocidentais, porque os moribundos resgatados das sarjetas eram para ela o próprio Cristo crucificado, o que mais importava não era a cura em si, mas a compaixão. Se a cura pudesse ser efetuada por uma congregação comprometida com a pobreza, melhor ainda. Mas a prioridade era que os marginalizados pudessem morrer com dignidade, tendo podido experimentar "o calor de uma mão amiga". Para Madre Teresa, era inconcebível que o Cristo na barriga de Maria pudesse ter sido abortado. Ela encorajava suas Irmãs a ensinar um "planejamento familiar sagrado", pois, sempre leal à igreja, ela se opunha a métodos artificiais de controle de natalidade.

Com a rápida expansão de sua missão para mais de 130 países, a consciência da pobreza espiritual dos países ricos e materialistas do Ocidente acentuou a necessidade não só de fundos, mas também de "trabalhos de amor", aos quais ela chamava de "trabalhos de paz". A presença de Deus em cada indivíduo impõe uma responsabilidade imediata: "Hoje Deus nos encarregou, a você e a mim, de sermos seu amor e compaixão." Alguns consideravam que lhe faltava discernimento moral na persecução de sua causa, e ela acreditava que, uma vez que todos possuíam a vida divina e, conseqüentemente, o potencial para fazer o bem, a todos — princesas ou indigentes, ditadores, tiranos ou refugiados — deveria ser dada a oportunidade de fazer o bem. O chamado para mudar estruturas políticas ou perseguir a justiça, embora reconhecido como válido, não era para ela. Seu chamado era para lidar com aqueles cujos horizontes haviam encolhido e se tornado do tamanho do prato de comida que eles almejavam. Nem competia a ela julgar aqueles que ajudavam a prover aquela comida. Madre Teresa queria que os ricos salvassem os pobres e que os pobres salvassem os ricos. Esta salvação recíproca dependia de os ricos doarem não somente seu excesso, mas "até que sentissem na pele" a falta. Aqueles que queriam participar eram postos para trabalhar, porque "o amor se prova com mais eficiência por meio de ações", e também porque para conhecer a pobreza você precisa "tocar nela", você tem de tocar o corpo de Cristo.

Para ela, a santidade era uma simples obrigação de todos. Ser um santo significava "privar-se de *tudo* o que não fosse Deus". O compromisso de ser e, conseqüentemente, de estar com os pobres era tão rigoroso que cada uma das Irmãs possuía pouco mais do que um balde e um hábito sári de reserva. Mesmo quando já estava idosa e sofrendo de problemas no coração, ela rejeitava alegremente qualquer conforto. "Fiquem penalizados com os pobres", eram suas diretivas, mas ela não exigia grandes feitos, apenas "pequenos atos com grande amor" e que buscássemos, com alegria, aquela generosidade que permitia a Deus trabalhar a partir de seus instrumentos imperfeitos. Ela própria foi "apenas um pequeno lápis na mão de Deus". Seu "segredo" era a oração. Toda vez que ela entrava exausta em uma capela e saía logo depois, revitalizada e totalmente obediente ao que quer que fosse, sentia que era obra do Espírito Santo. A energia de Deus estava com ela.

"Deus se mostrou faminto para que pudéssemos satisfazer sua fome com nosso amor, e se fez o Pão da Vida para que pudéssemos nos alimentar, viver e amar." Sua idéia central era: Cristo clamando por amor nos corpos alquebrados dos pobres e, simultaneamente, oferecendo-se como alimento. Para ela, enraizado em uma fé inabalável e simples, o conhecimento de Deus não era para ser buscado em imagens e idéias claras: ela compreendia com o coração, o lugar do conhecimento direto. "Não acreditem naqueles que lhes dizem palavras fascinantes sobre liberdade e renovação." Não sendo intelectualmente sofisticada, a teologia que ela expressava permanecia aquela, originária de sua formação na antiga Iugoslávia, anterior ao Segundo Concílio do Vaticano. Dizia as mulheres para serem donas-de-casa e deixarem os homens fazerem o que "eles sabiam fazer melhor" e isto era inspirado nas atitudes de sua mãe.

Acusada, algumas vezes, de falar sobre assuntos fora de sua alçada, e, freqüentemente, com muita intransigência, seu respeito profundo pela maneira com que Deus trabalhava em cada alma resultava, todavia, em uma extrema tolerância. Em sua presença, o ambiente tornava-se a própria mensagem, e hindus, cristãos e ateus, igualmente, não tinham dúvidas sobre a importância que ela dava ao amor. Ela deu sua outra face em resposta a este julgamento do mundo. "Você os conhecerá por seus frutos" é o fragmento bíblico sobre o qual ela descansa.

∎

Kathryn Spink é a biógrafa oficial do Irmão Roger de Taizé, de Jean Vanier, da Irmã Pobre Madalena de Jesus e de Madre Teresa. Ela esteve associada ao trabalho de Madre Teresa por 17 anos.

Oscar Arnulfo Romero
(1917-1980)

por Michael Campbell-Johnston

"Monseñor Romero é um exemplo de vida e de fé para todos os cristãos e para todo o mundo", disse o atual arcebispo de San Salvador, Sáenz Lacalle, no vigésimo aniversário do martírio de Romero. "São Romero da América", escreveu o Bispo Casaldáliga em seu famoso poema, pouco depois do assassinato de Romero. O povo o canonizou imediatamente, embora Roma ainda tivesse de proferir seu veredicto. Romero foi morto na tarde do dia 24 de março de 1980, enquanto rezava uma missa na pequena capela do Hospital da Divina Providência onde vivia. No dia anterior, ele havia feito um forte apelo às tropas do exército e às forças policiais para que ouvissem suas consciências e parassem de obedecer às ordens imorais de seus superiores para torturar e matar seus companheiros salvadorenhos.

Provavelmente o mais impressionante é que nada disso foi planejado. Quem teria previsto que em apenas três anos como arcebispo de San Salvador ele emergiria de uma figura tímida, conservadora e retraída para tornar-se a consciência de uma nação, um profeta? Quando ele foi indicado, espalhou-se, de início, um grande desânimo entre os setores mais progressistas da igreja, inclusive em seu antecessor, Cháves y Gonzáles. Por esse erro de julgamento eles só poderiam ter dito: "*Felix culpa!*" Não há muitos exemplos na história da igreja de altas autoridades que se tenham enganado tão profundamente.

O que mudou Oscar Romero? Aos sessenta anos, depois de 35 anos como padre e sete como bispo, o que teria feito com que ele mudasse de atitude tão radicalmente? Alguns falam em "conversão", embora Romero prefira falar em redescoberta de suas raízes, da vida humilde em uma família de camponeses num lugarejo rural afastado. Alguns queriam que Romero voltasse à escola, mas seus professores não ensinavam em universidades nem eram teólogos profissionais. Eles eram os *campesinos* sem instrução que se amontoavam em seu escritório vindos de todo o país à procura de sua compreensão e apoio. Romero os recebia a todos e estava sempre pronto para ouvir seus problemas, mesmo que outros problemas mais sérios estivessem pendentes.

Embora um pouco tradicional em sua devoção religiosa e em sua teologia, Romero não hesitava em se manifestar a favor dos oprimidos e condenar as injustiças e a corrupção, bastante evidentes em uma El Salvador dominada por um grupo de famílias abastadas que manipulava as eleições e organizava golpes militares à sua vontade. Seus sermões semanais na catedral, irradiados para a nação através da estação de rádio da arquidiocese, denunciavam abusos aos direitos humanos e se tornaram a voz daqueles que não podiam expressar-se. Ele seguiu ao pé da letra a opção pelos pobres feita pela Conferência Latino-Americana de Bispos (CELAM) ocorrida em Puebla, na qual compareceu em 1979.

Neste aspecto ele unia-se a um pequeno e determinado grupo considerado suspeito por Roma e deliberadamente posto de lado pela nova turma que dominou a CELAM nos anos seguintes à conferência de Puebla. Ele dividia sua opinião com outros como Samuel Ruiz, de Chiapas; Ivo Lorscheider, Paulo Arns e Hélder Câmara, do Brasil; e Leónidas Proaño, de Riobamba. Naquela época de estado de segurança nacional e ditadura militar, o objetivo professado pela ala conservadora da igreja, apoiado por Roma, era erradicar a Teologia da Libertação e as supostas tendências marxistas.

Romero estava perfeitamente a par do preço a ser pago, e alegrava-se com o fato de que a igreja estivesse sendo perseguida, juntamente com ele, pela sua opção pelos pobres, um sinal da autenticidade do movimento. Sua fé corajosa apoiava-se em profunda meditação e na confiança na contínua orientação e presença de Deus. Freqüentemente, durante reuniões em que algum problema difícil estava sendo discutido, ele escapulia para apresentar o problema a Deus e era encontrado mais tarde, de joelhos, na capela. E também era de joelhos que, depois de muito consultar, ele preparava suas homilias na presença de Deus durante as primeiras horas da manhã. Ele disse a um jornalista que certa vez lhe perguntou de onde ele tirava sua inspiração: "Se não fosse por estas orações e reflexões, pelas quais eu tento me manter unido a Deus, eu não seria mais do que São Paulo disse: um tocador de pratos."

Romero era realmente um santo para os nossos dias. Ele não tinha medo de enfrentar alguns dos maiores problemas do mundo atual: o crescente abismo entre riqueza e pobreza, tanto dentro dos países quanto entre países; a corrupção e impunidade dos poderosos; a exclusão dos marginalizados aos benefícios da sociedade; violência causada, fundamentalmente, por injustiças sociais; o valor exagerado atribuído à riqueza, à propriedade privada e à segurança nacional. Estes problemas ainda estão conosco, sempre de forma agravada. O que Romero tinha a dizer sobre como um cristão deveria reagir a eles é ainda mais relevante. Ele não media suas palavras:

O texto a seguir foi extraído de um artigo de Romero.

> Um cristão que defende situações injustas não é mais um cristão... As pessoas ricas que se ajoelham diante de seu dinheiro, mesmo indo à missa, são idólatras e não cristãos... É uma caricatura de amor quando a caridade, ou uma aparente benevolência, é usada para encobrir uma injustiça social... É inconcebível chamar de cristão al-

guém que não tenha feito, como Cristo, uma opção pelos pobres.

∎

Michael Campbell-Johnston, um padre jesuíta das províncias britânicas, é pastor de uma paróquia urbana pobre em El Salvador.

Thomas Merton
(1915-1968)

por Lawrence Cunningham

No lançamento de um jornal em 1949, Thomas Merton escreveu que, se fosse para ele se tornar santo, "teria, não só de ser um monge, que é o que todos os monges devem fazer para tornarem-se santos, mas, também, precisaria colocar no papel aquilo em que eu me tornei". Estas palavras foram escritas um ano depois da publicação de *The Seven Storey Mountain*, uma autobiografia espiritual que vendeu mais de seiscentas mil cópias em seu primeiro ano, fazendo de Merton um autor célebre em todos os lugares, exceto em seu próprio monastério na área rural do Kentucky.

O precoce caso de amor de Merton com a vida monástica tradicional reflete-se também em *The Sign of Jonas* — um monasticismo caracterizado por uma rotina de orações diárias, trabalho, silêncio e meditação bíblica. Tudo isto sofreu uma nova mudança quando, como ele descreveu em seu livro *Conjectures of a Guilty Bystander*, ele se encontrava no centro de Louisville e sentiu, com a força de uma manifestação divina, que amava e se identificava com aquelas pessoas que estavam ali cuidando de suas vidas e, mais ainda, que ele e todos os monges estavam em comunhão com elas. "Aquilo foi", ele escreveu, "como acordar de um sonho de separação, de falso auto-isolamento em um mundo especial, um mundo de renúncia e suposta santidade. Toda a ilusão de uma existência apartada e sagrada é um sonho... E pensar que por 16 ou 17 anos eu levei a sério esta ilusão, que é implícita em tantos de nossos pensamentos monásticos."

E ele continuou: "Eu tenho um orgulho imenso de ser homem, um membro da raça em que o próprio Deus reencarnou... Se todos pudessem perceber isto! Mas isto não pode ser explicado. Não há meio de dizer às pessoas que elas todas estão andando por aí brilhando como o sol." Se nós pudéssemos nos ver como realmente somos, ele pensou, "não haveria mais guerras, nem ódio, nem crueldade, não haveria mais avareza...".

Esta percepção da solidariedade justificava, de forma clara, os planos de Merton para formar redes de amizade com pessoas que buscavam a verdade e a justiça. Da convicção inabalável de que precisamente como um monge meditativo ele poderia contribuir nesta busca, veio sua vasta troca de correspondência com poetas e intelectuais latino-americanos, pacifistas, além de um grande número de escritores protestantes, judeus, muçulmanos e budistas. Na última década de sua vida, seus estudos sobre as religiões asiáticas se intensificaram, culminando com uma jornada fatal à Ásia, onde ele encontrou a morte em uma eletrocução acidental, em 10 de dezembro de 1968 — o mesmo dia em que Karl Barth morreu na Basiléia, na Suíça.

O que explica o poder deste monge já morto há tantos anos?

Primeiramente, Merton era um tipo de pesquisador moderno. Nascido em 1915, de pai expatriado da Nova Zelândia e mãe norte-americana de origem quaker, ele levou uma vida de vagabundo. Seu interesse juvenil por *jazz* e política de esquerda, assim como seu entrosamento com os cânones literários modernistas, banharam Merton nos ácidos da modernidade. Como outros de sua geração, ele tinha de encontrar um substituto para o Deus (ou Deuses) que havia falhado. Seu diário monástico revela uma pessoa que pode ter sido mesquinha, irritadiça e disposta a deixar o monastério depois de uma notória paixão passageira por uma jovem freira, décadas mais nova que ele. Os leitores logo souberam que ele não foi um completo santo.

Mais tarde, enquanto o próprio Merton admitia que uma parte considerável de seus escritos não era boa, seus melhores trabalhos eram associados à autenticidade religiosa. Ele trouxe à tona para gerações de pessoas comuns o vocabulário da espiritualidade monástica, a linguagem da presença, da compaixão, da pureza de coração, da solidão e do amor, de um jeito novo e diferente. Seu melhor trabalho não é "religioso". Podemos encontrar em suas conferências informais, em seus ensaios e artigos de jornal, observações lapidares provenientes de suas próprias experiências de oração, sobre a realidade de Deus na vida. Aqui vemos Merton falando a jovens monges:

> A vida é bem simples: nós vivemos num mundo que é completamente transparente para Deus, e Deus está brilhando através dele o tempo todo. Isto não é uma fábula ou uma história bonita. É a verdade. Deus se manifesta em todo lugar, em todas as coisas, nas pessoas e nas coisas, na natureza e nos acontecimentos. Você não pode existir sem Deus. É impossível. Simplesmente impossível.

Ele possuía um dom poético genuíno (seus poemas escolhidos têm perto de novecentas páginas) e a habilidade para escolher a palavra correta. Em *New Seeds of Contemplation* [Novas sementes para reflexão], por exemplo, evitando o palavreado técnico dos teólogos, ele falou de meditação como "maravilha espiritual" e "despertar" e "compreensão intuitiva" e "conhecimento puro e virginal" e "visões espirituais" e como "o profundo centro da fé". No mesmo livro, ele adverte que essa visão contemplativa só vem para aqueles que têm compaixão pelos outros. A própria vida de Merton, a seu ver, foi um trabalho inacabado. Ele nunca uniu sua visão monástica a qualquer visão neo-romântica sobre como um monge deveria ser. Sua procura foi monástica, mas qualquer leitor mais perceptivo reconhece a profunda autenticidade de sua autodescoberta à luz da realidade de Deus. Ele foi um explorador do espírito.

■

Lawrence Cunningham é professor de teologia na Universidade de Notre Dame. Ele lançou: Thomas Merton: Spiritual Master — The Essential Writings, *e é o autor de* Thomas Merton and the Monastic Vision.

Martin Luther King, Jr.
(1929-1968)

por Leslie Griffiths e Wesley Williams

Martin Luther King, Jr. tinha a intensidade de um profeta do Velho Testamento. Quando anunciou "eu tenho um sonho" às 250 mil pessoas reunidas no Lincoln Memorial em agosto de 1963, ele também deveria ter declarado: "Assim disse o Senhor." Foram palavras de crítica que, ditas com severidade, repercutiram como uma nota de esperança. A multidão deu a ele seu caloroso suporte. O sonho de King, todos sabem, era ver o dia em que todas as pessoas da América, negros e brancos, pudessem reconhecer sua verdadeira eqüidade como filhos de

Deus. Ele deixou esta idéia profundamente arraigada no sonho dos americanos, invocando a constituição americana e também o hino nacional dos Estados Unidos para reforçar sua posição. "Nós festejamos esta verdade como sendo evidente", disse ele, "que todos os homens são criados iguais." Foi, entretanto, com palavras de um espírito negro que ele trouxe seu brilhante discurso ao clímax. "Enfim livres, enfim livres", ele declarou e milhares completaram a frase com ele: "Graças a Deus Todo Poderoso, nós somos livres enfim."

Martin Luther King, Jr. nasceu em 1929, em uma família batista no extremo sul do país. Completou seus estudos com um doutorado na Universidade de Boston antes de pastorear uma igreja de Atlanta. Logo, ele foi chamado para presidir a Conferência da Liderança Cristã no Sul e não gastou energia lutando na profunda e exaltada trincheira segregacionista da época. Ele aprendeu com Mahatma Gandhi o método da resistência não-violenta e o desenvolveu como uma fina arte.

Não-violência, para ele, estava longe de uma resposta passiva ao mal social. Como escreveu em sua clássica carta na prisão de Birmingham, "...buscam criar tamanha crise e cultivar tanta tensão que uma comunidade que sempre se recusou a negociar é forçada a confrontar o assunto". E, por meio de uma série de confrontos bem noticiados em cidades do sul, King conseguiu mudar o humor do público americano e inserir direitos iguais no Código Civil. Entre 1957 e 1965, medidas para assegurar o não-segregacionismo nas escolas, a igualdade de moradia e o total direito de voto, foram transformadas em lei. King foi aprisionado diversas vezes e encarou uma série de dinossauros racistas como o prefeito de Birmingham, Bull Connor e o governador do Alabama, George Wallace. Por trás deles espreitavam as forças incipientes da Ku Klux Klan.

King estava ansioso para desafiar algumas das bases teológicas convencionais da segregação. Ele contradizia a idéia, divulgada por muitos pregadores fundamentalistas, com base no Gênesis 9:25-26, de que os negros haviam sido amaldiçoados para sempre e que eram destinados a viver suas vidas como escravos. Ele lembrava a seus ouvintes de que desde o início os cristãos perturbaram, regularmente, a estrutura de poder das cidades e povoados por que passavam. Eles eram constantemente acusados de serem "perturbadores da paz" e "aparente agitadores". Mas eles continuaram com a convicção de que formavam uma "colônia do céu", cuja tarefa era obedecer a Deus mais do que aos homens. Quando a igreja é fiel a sua natureza, King dizia, ela sempre irá professar: "Quem quiser vir será bem-vindo." E a compreensão disto, ele concluía, é que "todos os homens são irmãos, porque são filhos do mesmo pai".

Ele também reclamava da inércia política e da falta de idéias que, em sua opinião, conspirava para a segregação havia tanto tempo. Ele repreendeu uma sucessão de presidentes, de Eisenhower a Johnson, por sua morosidade em dar alguma prioridade ao programa de direitos civis. Ele era constantemente perseguido pelas forças paranóicas do FBI, sob a liderança de

J. Edgar Hoover, que jurou que "pegaria ele". Era uma façanha realmente notável que, apesar de tantos obstáculos, este pregador batista pudesse liderar um movimento que viesse a produzir resultados tão conclusivos nos campos social, teológico e político, transformando uma cultura inteira. Não foi surpresa quando ele foi agraciado com o Prêmio Nobel da Paz em 1964.

Com todo o seu brilhantismo King tinha falhas. Seus relacionamentos pessoais estavam sempre em evidência. Por isto, sua mulher, Coretta, e seus filhos precisaram ser verdadeiras fortalezas. Mais difícil para King foi o modo com que seu comprometimento com a não-violência, que culminou com a marcha de Washington e a Declaração dos Direitos Civis de 1964, abriu caminho para os métodos muito mais belicosos de Malcolm X e Stokely Carmichael. Assim mesmo, o trabalho dos dois, inegavelmente, também rendeu frutos.

Martin Luther King viu muitos de seus colaboradores mais próximos serem assassinados no curso da batalha. O ponto mais crítico foi quando quatro garotinhas foram mortas num atentado a bomba na igreja que freqüentavam, em Birmingham, em setembro de 1963. Ele já havia compreendido que sua própria vida estava sob perigo constante, e que era apenas uma questão de tempo antes que ele também fosse sacrificado. Ele estava resignado com isto. "Isto não importa agora", ele disse a uma audiência arrebatada, "eu estive no topo da montanha. Eu olhei de lá e vi a terra prometida. Eu não temo nenhum homem. Meus olhos viram a glória de estar próximo do Senhor." Isto foi em 3 de abril de 1968. Ele foi assassinado no dia seguinte.

∎

Leslie Griffiths é ministra da Wesley's Chapel em Londres. Wesley Williams é diretor executivo dos Serviços Urbanos da União Metodista, com base em Boston, Massachusetts.

Papa João Paulo II
(1920-)

por George Weigel

Um dia o Papa João Paulo II me disse, com certa estranheza, comentando algumas reportagens que criticavam sua atuação como estadista: "Eles tentam me compreender a partir do exterior. Mas eu só posso ser compreendido pelo interior." "Interiormente", Karol Wojtyla é uma alma com uma textura espiritual surpreendentemente rica.

Wojtyla é uma alma polonesa, não só geográfica ou etnicamente, mas no sentido de uma alma formada por uma história característica. Quando era garoto, Karol Wojtyla aprendeu a grande lição de história da Polônia moderna: que a *nação* Polônia sobreviveu através de sua cultura, quando o *estado* Polônia foi varrido do mapa por 123 anos. Embora a alma de

Wojtyla reflita a realidade de que a cultura é o elemento mais dinâmico na história, e de que no centro da palavra cultura está o termo "*cult*", ou "culto" — o que nós honramos, adoramos e veneramos. Na alma da Polônia de Wojtyla, foi sedimentada, muito cedo, a convicção de que o Evangelho permanece como a proposta mais atraente e transformadora do mundo. A igreja não tem necessidade de ficar na defensiva mesmo na era moderna; a igreja propôs, como ele escreveu em sua encíclica de 1990, a *Redemptoris Missio*, tranqüila e inflexivelmente.

O papa é uma alma carmelita. O jovem Karol Wojtyla considerou seriamente uma vocação carmelita dedicada à meditação. Sua vida tomou um rumo diferente, mas a lembrança de suas leituras juvenis sobre João da Cruz e Teresa de Ávila permaneceu na convicção de que a grande verdade da história encontra-se na cruz, no abandono de Jesus à vontade do Pai, e na justiça feita a seu ato pela ressurreição. Aquilo, Wojtyla está convicto, não foi uma escolha em um supermercado global de "espiritualidades"; aquilo é a verdade do mundo.

A alma mariana do papa é evidente e freqüentemente mal entendida. Em suas memórias vocacionais, *Gift and Mystery*, João Paulo II escreveu que ao ingressar na Jagiellonian University, em 1938, ele achou que deveria colocar de lado a convencional piedade mariana de sua juventude e concentrar sua vida espiritual mais intensamente em Cristo. Pouco depois, entretanto, Jan Tyranowski, o alfaiate místico leigo que primeiramente apresentou Wojtyla à tradição carmelita, emprestou a ele as obras de Louis de Montfort, teólogo francês do século XVII. Nelas, Wojtyla aprendeu que a "verdadeira devoção a Maria" (título do principal trabalho de Montfort) direcionava os cristãos aos dois grandes mistérios da fé cristã: a Encarnação e a Trindade. As últimas palavras de Maria nas bodas de Canaã foram: "Façam o que ele vos disse." Verdadeira devoção a Maria sempre aponta para além de Nossa Senhora; para seu filho, a palavra de Deus encarnada; e, através dele, para a vida interior de Deus. Uma tríade de entrega amorosa e receptividade. Logo, Maria é o paradigma da vida discipular. A igreja, incluindo a Igreja de Pedro do ofício e autoridade, tomou emprestada sua forma fundamental de uma mulher, Maria, e de sua decisão de auto-entrega à vontade de Deus — foi o que João Paulo disse à Cúria Romana em 1987.

João Paulo é também uma alma dramática. Sua experiência teatral na mocidade deu-lhe habilidades úteis e uma visão da condição humana. A estrutura básica de nossas vidas individuais é dramática, o papa acredita. Todos nós vivemos em um vácuo entre a "pessoa que somos" e a "pessoa que deveríamos ser". Além disso, estes dramas pessoais "atuam" no interior de um drama cósmico que tem autor, diretor e protagonista divinos, pois o próprio Deus entrou no drama para recolocar a história em seu verdadeiro curso. Esta dimensão dramática da alma do papa permitiu a ele dizer, um ano depois que foi atingido por um tiro na praça de São Pedro: "Nos desígnios da Providência não existem coincidências." O mundo não é aleatório nem sem objetivo; tudo o que acontece está acontecendo por alguma razão.

O mais paternal dos padres tem qualquer coisa de uma alma leiga, pois ele formou-se no sacerdócio em meio a um amplo círculo de amizades com pessoas leigas, com que ele trabalhou como capelão universitário no início da década de 1950. Enquanto moldava aquelas jovens vidas cristãs, eles moldavam sua experiência de sacerdócio e davam a ele, uma década antes do Segundo Concílio do Vaticano, uma compreensão profunda do chamado universal ao sagrado e a missão leiga de santificar o mundo. A alma apostólica de João Paulo II é formada pela convicção de que o grande serviço que a igreja pode prestar ao mundo é contar ao próprio mundo sua verdadeira história: a história cujos capítulos iniciais são "Criação", "Pecado", "Compromisso", "Profecia", "Encarnação", "Redenção", "Santificação" e "o Reino de Deus". Contar esta história também satisfaz os anseios da alma humanística do papa, que é moldada por sua preocupação de que a crise de nossos tempos seja a crise da consciência da personalidade humana. O humanismo cristão, ele está convencido, é a resposta aos anseios da modernidade por uma liberdade alicerçada na verdade e vivida na bondade.

Na alma de João Paulo II, Jesus Cristo é a resposta para o mistério em que consiste a vida humana.

∎

George Weigel é o autor de Witness to Hope: The Biography of Pope John Paul II.

Este livro foi composto na tipologia Mrs Eaves
Roman, em corpo 12/16, impresso em papel
Chamois Fine Dunas 80g/m² no Sistema Cameron
da Divisão Gráfica da Distribuidora Record.

Seja um Leitor Preferencial Record
e receba informações sobre nossos lançamentos.
Escreva para
RP Record
Caixa Postal 23.052
Rio de Janeiro, RJ – CEP 20922-970
dando seu nome e endereço
e tenha acesso a nossas ofertas especiais.

Válido somente no Brasil.

Ou visite a nossa *home page*:
http://www.record.com.br